Es ging uns nicht darum, die "richtige" Perspektive für die Arbeit mit den Jugendlichen "vor Ort" zu weisen. Das Buch erfüllt dann seinen Zweck, wenn es den genannten Adressaten verdeutlicht, was unter der Oberfläche des vieldiskutierten Problems der Jugendarbeitslosigkeit vor sich geht, wenn es ihnen Anhaltspunkte und Kriterien zur Beurteilung staatlicher Maßnahmen wie ihrer eigenen Praxis liefert.

Bewußt haben wir den Bogen weit gespannt:

In einem ersten Schwerpunkt beschreiben und analysieren wir das 'duale System' der Berufsausbildung, fassen seine zentralen Strukturmängel zusammen und stellen Ziele und Scheitern der Berufsbildungsreform in den siebziger Jahren dar.
Auch wenn dieser Einstieg für den Leser sicherlich mühsam ist, halten wir ihn dennoch für notwendig. Denn die in den nachfolgenden Kapiteln dargestellte Entwicklung des Berufsbildungssystem macht deutlich, daß eine Strukturreform nach wie vor überfällig ist. Viele Vorschläge und Ziele aus den sechziger und frühen siebziger Jahren wird man dabei aufgreifen müssen. Nicht zuletzt gilt es, aus dem Scheitern der Berufsbildungsreform die richtigen Lehren zu ziehen.

Im zweiten Schwerpunkt versuchen wir, Licht ins Dunkel des offiziellen Verwirrspiels um das Ausmaß und die Entwicklung der Berufsnot Jugendlicher zu bringen.
Das Problem fehlender Ausbildungsplätze wird ebenso wie das der massenhaften Fehlausbildung von Jugendlichen von seiner quantitativen Seite (Wieviel arbeitslose Jugendliche gibt es wirklich ?) als auch seinen qualitativen Ursachenzusammenhängen her beleuchtet.
Dabei haben wir versucht, einerseits aktuelle Zahlen und Entwicklungen aufzuzeigen, andererseits aber nicht zu stark momentaner Tagesaktualität verhaftet zu bleiben. Auch die dahinter liegenden Tendenzen sollen sichtbar werden.
So hoffen wir, dem Leser ein Instrumentarium an die Hand

zu geben, mit dessen Hilfe jeder die offiziellen Zahlen und Verlautbarungen im Hinblick auf seine Arbeitszusammenhänge interpretieren und konkretisieren kann.

Allzu oft verschwinden hinter Zahlen und Trends die Betroffenen selbst, die arbeitslosen Jugendlichen mit ihren Alltagsproblemen.

Aus diesem Grund haben wir in einem dritten Schwerpunkt ausführliche Interviews mit drei Jugendlichen dokumentiert.

Ziel dieser Textauszüge ist es, wenigstens ansatzweise das individuelle Selbstverständnis der Jugendlichen und ihre Lebenssituation zwischen Schule und Beruf zu veranschaulichen.
Ergänzend dazu haben wir im Anhang des Buches Textauszüge über die sogenannten Problemgruppen des Ausbildungsmarktes zusammengestellt.

Wie der Staat auf die tiefgreifende Krise des Berufsbildungssystems reagiert und ob die ergriffenen Maßnahmen den Dimensionen des Problems gerecht werden, steht im Mittelpunkt des Buches.

Einerseits wollen wir damit einen Wegweiser durch das Wirrwarr der berufsvorbereitenden Maßnahmen und der aktuellen Veränderungen im Berufsausbildungssystems selbst liefern.
Neben diesem Versuch eines systematischen Überblicks wollen wir jedoch auch einen Erklärungsansatz für die beschriebenen Veränderungen vorstellen. Dabei geht es weniger um eine oberflächliche Schuldzuschreibung, sondern um das Sichtbarmachen jener ökonomischen Strukturen und Interessen, die letztendlich auch die scheinbare Krise in der Berufsausbildung produzieren.

In einem abschließenden Ausblick wird kurz angedeutet, welche Konsequenzen die Berufsnot für die betroffenen Jugendlichen nach sich zieht. Wir haben diesen Abschnitt 'Sozialisation in die Perspektivlosigkeit' genannt.

„Rezepte, Rezepte! Und wann gibt es was zu essen?"

Wir hoffen aber und wünschen, daß dieses Buch all denjenigen eine Hilfestellung ist, die sich um die Entwicklung von Perspektiven im Kampf gegen Jugendarbeitslosigkeit und ihre Folgen bemühen, sei es in staatlichen Institutionen, innerhalb der Gewerkschaften oder in Selbsthilfeprojekten mit den betroffenen Jugendlichen.

Um das Buch lesbarer zu machen, haben wir auf umfangreiche Verweise und Anmerkungen im Text verzichtet. Weiterführende Literatur und verschiedene Materialien zu den einzelnen Schwerpunkten sind in einem A n h a n g untergebracht.

Auf Kritik und Anregungen seitens der Benutzer sind wir angewiesen.

Frankfurt 1983 Hans-Joachim Petzold/Wolfgang Schlegel

I Die 60er Jahre: Krisentendenzen an der Oberfläche

Das duale System der Berufsausbildung

Wenn gegenwärtig über Berufsausbildung, Lehrstellenmisere oder Jugendarbeitslosigkeit diskutiert wird, dann fällt sehr schnell der Begriff 'duales System'. Dies ist auch nicht verwunderlich: Rund 60% eines Altersjahrganges erlernen heute einen Beruf in diesem System. Die duale Berufsausbildung ist unzweifelhaft das Kernstück des gesamten Ausbildungswesens in der Bundesrepublik. Zwar ist es auch möglich, an einer beruflichen Vollzeitschule einen Beruf zu erlernen, vereinzelt sind auch schulische oder schulähnliche Lernorte mit dem dualen System gekoppelt (z.B. Handelsschule und anschließende kaufmännische Lehre). Doch generell haben diese Ausbildungsmöglichkeiten eine eher untergeordnete Stellung. Im folgenden soll deshalb zuerst das sogenannte duale System kurz dargestellt werden.

Kennzeichen dieses Ausbildungssystems ist die Kombination von zwei Lernorten: Der Lehrling lernt im Betrieb <u>und</u> in der Berufsschule.
Voraussetzung einer Berufsausbildung ist nun aber, daß ein Betrieb eine Lehrstelle zur Verfügung stellt - ob überhaupt und in welchen Berufen, bleibt allein der Entscheidungsfreiheit der privaten und öffentlichen Betriebe überlassen. Die Bereitstellung eines Ausbildungsplatzes erwägt der Einzelbetrieb vorwiegend unter dem Kosten-Nutzen-Gesichtspunkt, konkret nach der Überlegung, ob der Lehrling während der Ausbildung oder als ausgebildeter Facharbeiter für den Betrieb gewinnbringend arbeiten kann.

Obwohl der Name duales System suggeriert, hier wirkten zwei Lernorte (Berufsschule/Betrieb) zum Wohle der ganzen Ausbildung zusammen, ist die Macht und Einflußkompetenz einseitig zugunsten der Unternehmen/Betriebe verteilt. Der Abschluß des Lehr-

vertrages, die Durchführung der betrieblichen Ausbildung, ihre Kontrolle und Überwachung und vor allem die abschließende Facharbeiterprüfung liegen in der Hand der Betriebe bzw. ihrer Interessenorganisationen (Kammern).
Auch die zeitliche Aufteilung der Ausbildung verdeutlicht das Ungleichgewicht der Lernorte: etwa vier Fünftel der Zeit verbringen die Jugendlichen im Betrieb, nur ein Fünftel in der Berufsschule.
Diese Dominanz der Unternehmer und Betriebe über die berufliche Ausbildung rechtfertigen es nicht, von einem dualen System zu sprechen. Statt dieses Begriffes, der 1964 vom Deutschen Bildungsrat eingeführt wurde, müßte es wirklichkeitsnaher eigentlich als ein monokratisches Berufsausbildungssystem bezeichnet werden.

Geschichte der Berufsausbildung

Von seinen wesentlichen Strukturen her ist dieses Ausbildungssystem über 100 Jahre alt, im Deutschen Kaiserreich 1871 - 1914 wurde die Kombination von betrieblicher und schulischer Lehre festgeschrieben.
Bei Jubiläumsreden und in Festschriften wird häufig herausgestellt, daß dieses System aufgebaut wurde, um mehr qualifizierte Facharbeiter für die sich entwickelnde 'Große Industrie' auszubilden.

Dabei haben historische Analysen des Berufsbildungssystems ergeben, daß auch andere Gründe eine wichtige Rolle bei der Entwicklung gespielt haben: Vor allem die politische Kontrolle über die Jugend sollte durch die Berufsausbildung verschärft werden (ganz im Geiste der Sozialistengesetze). Die quasifeudale Anbindung des Lehrlings an den Lehrherrn (u.a. umfassendes Erziehungs- und Züchtigungsrecht) und das Interesse des ökonomisch bedrohten Handwerks an billigen Arbeitskräften in der zweiten Hälfte des 19. Jhd. haben das Berufsausbildungssystem wesentlich geprägt.

Schon zu Zeiten der Entstehung des dualen Systems waren Handwerk und Industrie nur begrenzt an qualifizierten und "gelernten" Arbeitern interessiert, mehr Bedarf bestand an angelernten Arbeitern, deren Lohnkosten niedrig waren.

In der zweiten Hälfte der industriellen Wachstumsphase (1895 - 1914) bedurfte es allerdings auch eines begrenzten Anteils von qualifizierten Facharbeitern für Wartung, Reparatur, Beaufsichtigung und Herstellung der Maschinerie - die Maschinenbauindustrie war demzufolge Vorreiter planmäßiger betrieblicher Lehrlingsausbildung (z.B. in Lehrwerkstätten).

Wenn heute Reformen der eng von dem Ausbildungsbetrieb abhängigen Lehre gefordert und diskutiert werden, ist das Studium der Geschichte lehrreich: Schon Ende des 19. Jhd. forderte die organisierte Arbeiterbewegung, den Ausbildungsprozeß über den engen einzelbetrieblichen Interessenhorizont zu stellen, konnte sich jedoch damals schon nicht durchsetzen.

In den über 100 Jahren Geschichte der Lehrlingsausbildung sind die grundsätzlichen Mängel des dualen Systems nie abgeschafft worden.
Auch heute noch ist es ein zentrales Interesse vieler Klein- und Mittelbetriebe, die Arbeitskraft des Lehrlings zu nutzen. Das Interesse, den Jugendlichen produktiv einzusetzen, überlagert oft die Verpflichtung der Betriebe, die systematische Ausbildung in den Vordergrund der Lehrzeit zu stellen.
Eine überdurchschnittlich hohe Ausbildungsquote des Handwerks (ca. 60% aller Ausbildungsplätze), fehlende Beschäftigungsmöglichkeiten nach Beendigung der Lehre, Berufswechsel, Umschulung oder letztendlich Arbeitslosigkeit sind zwangsläufige Folgen für viele Jugendliche, die in Klein- und Mittelbetrieben lernen.

Das Ausbildungsinteresse von Großbetrieben, der Industrie, ist demgegenüber weniger auf die Arbeitskraft schon der Lehrlinge als auf ihren Einsatz als spätere Facharbeiter im Betrieb hin orientiert.

Da die betriebliche Ausbildung jedoch auf Miterleben des Betriebsgeschehens ("vormachen - zusehen - nachvollziehen - üben - selbständig weiterführen") ausgerichtet ist, wird die direkte und produktionsnahe Qualifizierung in Großbetrieben immer schwieriger.
Hochspezialisierte Fertigung und das finanzielle Risiko durch immer teurer werdende Maschinen verringern die Lernmöglichkeiten in Groß- und Mittelbetrieben.
Einerseits hat dies zum Rückgang der Ausbildungsberufe in hochqualifizierten und kostenintensiven Bereichen geführt.
Andererseits werden immer mehr Ausbildungsanteile in produktionsferne Bereiche - überbetriebliche Lehrwerkstätten, Übungsfirmen, Berufsgrundbildungsphasen - verlagert.

Lehrlingsbewegung - Kritik des dualen Systems

Aus der bisherigen Beschreibung des vorherrschenden Ausbildungssystems lassen sich Strukturmängel ableiten, auf die sich letztendlich alle Mißstände in der Lehrlingsausbildung zurückführen lassen.
In den letzten fünf Jahren und besonders seit dem enormen Ansteigen der Jugendarbeitslosigkeit werden diese Mißstände der Lehrlingsausbildung über die Fachöffentlichkeit hinaus diskutiert.

Wenn heute viele Berufsbildungsexperten und Politiker erklären, "die Engpässe des gegenwärtigen Ausbildungssystems (seien) vorübergehender Natur", ausbildungsstarke Jahrgänge, die konjunkturelle Situation oder die verfehlte Reformpolitik wirken sich danach auf ein im "Prinzip gesundes System aus, welches schon Mitte der 80er Jahre wieder ohne Störfaktoren arbeiten wird" (Geißler, 1983), so ist das eine kurzsichtige und fatale Betrachtungsweise der aktuellen Ausbildungskrise. Dies wird schon deutlich, wenn die jüngste Geschichte der Berufsausbildung nicht ausgeblendet wird.
Ab Mitte der 60er Jahre, zur Zeit der Studentenbewegung und

dann auch dem massiven Aufbegehren der Lehrlinge selbst sind großangelegte empirische Untersuchungen zur beruflichen Bildung erstellt worden, welche das Gegenteil der behaupteten "konjunkturellen Störungen" des Systems beweisen.

Diese in der zweiten Hälfte der sechziger und Anfang der siebziger Jahre durchgeführten Untersuchungen zeigen eindeutig, daß die damaligen und heutigen Erscheinungsformen der Ausbildungskrise auf die gleichen Strukturmängel des Systems zurückzuführen sind.

In unserem Materialanhang haben wir eine Reihe dieser Untersuchungen zusammengestellt, die auch für die aktuelle Reformdiskussion noch von Bedeutung sind.

Fünf Strukturmängel des dualen Systems

Nachfolgend wollen wir an dieser Stelle die zentralen Strukturmängel des dualen Systems festhalten, welche historisch und aktuell für die Misere des Ausbildungs- und Arbeitsalltags verantwortlich sind:

1. Das Berufsausbildungssystem ist in keiner Weise mit dem Beschäftigungssystem abgestimmt, im Gegenteil: Eine zunehmende Scherenentwicklung zwischen Ausbildungs- und Arbeitsplätzen führt zu fatalen Folgen für die Betroffenen.

Schon in den 60er Jahren zeigten entsprechende Untersuchungen, daß ein erheblicher Teil der Lehrlinge in Berufen ausgebildet wird, die nur geringe Möglichkeiten der Anschlußbeschäftigung bieten. "Dies gilt insbesondere für Lehrabsolventen aus althandwerklichen Berufen wie Müller, Bäcker, Schuhmacher, Friseur, die lange Zeit mit Lehrlingen überbesetzt waren. Insgesamt wurden im Handwerk während der letzten Jahrzehnte allzu viele Lehrlinge ausgebildet, nämlich rund zwei Drittel aller gewerblich-technischen Lehrlinge, obwohl das Handwerk nur ein Drittel aller gewerblich-technischen Berufstätigen beschäftigt" (Lempert, Franzke, 1976, S. 51).

"Etwa ein Siebtel aller westdeutschen Lehrabsolventen findet sich trotz erfolgreich abgeschlossener Lehre am Ende doch dort wieder, wo die Jungarbeiter und Jungarbeiterinnen schon vorher waren, und teilt mit ihnen nicht nur das Los, besonders unqualifizierte und unselbständige Tätigkeiten zu verrichten, sondern steht auch in der Gefahr, besonders leicht den Arbeitsplatz zu verlieren" (Lempert, Franzke, 1976, S. 52).

Wie diese Ergebnisse zeigen, war schon vor über zehn Jahren für viele Jugendliche der Start ins Berufsleben eher ein Fehlstart.
Zu welchen Folgen die Scherenentwicklung zwischen Ausbildungsplatzangebot und vorhandenen Arbeitsplätzen für die Betroffenen gegenwärtig führt, werden wir in Kapitel II zeigen.

2. Die Qualität der beruflichen Ausbildung ist grundsätzlich von der einzelbetrieblichen Gewinnlage abhängig: Je nach Konjunktursituation wird also gesamtgesellschaftlich gesehen besser oder schlechter ausgebildet.

Die Aufbringung der Finanzierungsmittel für das duale System erfolgt für beide Lernorte unterschiedlich. Die Aufwendungen für die Berufsschulen werden aus öffentlichen Haushalten (d.h. aus Steuermitteln) gedeckt, die Kosten für die betriebliche Unterweisung sind dagegen Sache der jeweiligen Ausbildungsbetriebe. Die Betriebe und ihre Interessensvertreter verweisen mit Vorliebe auf ihren Kostenaufwand um zu legitimieren, daß sie im weitesten Umfang über Struktur und Inhalte der Ausbildung befinden.
Da hinreichend zuverlässige und umfassende empirische Daten zur Finanzierung der betrieblichen Berufsausbildung nicht vorlagen, wurde im Jahre 1970 eine Kommission (sog. Edding-Kommission) eingesetzt, die umfangreiche Daten zur Finanzierung und damit indirekt auch zur Qualität der betrieblichen Ausbildung zusammenstellte (vgl. Deutscher Bundestag, 1974).
Für das hier benannte Strukturdefizit sind folgende Ergebnisse wichtig:

- nur ein Bruchteil aller Betriebe bildet überhaupt aus: 26% im Handwerk, 10% im Bereich der Industrie- und Handelskammer,
- das Ausbildungsangebot der Betriebe orientiert sich an der wirtschaftlichen Situation: Klein- und Mittelbetriebe erhöhen ihre Ausbildungsanteile in wirtschaftlichen Krisenzeiten (sog. antizyklisches Verhalten), Großbetriebe reduzieren in wirtschaftlichen Krisenzeiten eher die Ausbildungsplätze (sog. prozyklisches Verhalten),

- Bei Zugrundelegung eines einheitlichen Kostenmodells steigen die Kosten für die betriebliche Ausbildung mit wachsender Betriebsgröße,
- mit der Größe des Ausbildungsbetriebes steigt auch die Qualität der Ausbildung, allerdings gibt es auch eine erhebliche Streuung innerhalb der Bereiche (d.h. einzelne Klein- und Mittelbetriebe können durchaus gut ausbilden, einzelne Großbetriebe auch schlecht!).

Die umfangreichen Daten der hier zitierten Edding-Kommission haben zum ersten Mal empirisch belegt, daß die jeweilige wirtschaftliche Lage die Ausbildungsqualität und damit die beruflichen Perspektiven von Jugendlichen beeinflussen. Entsprechend intensiv kamen dann auch Diskussionen über ein anderes Finanzierungsmodell der Lehrlingsausbildung in Gang (vgl. Rudolph, 1976).

3. Das einzelbetriebliche Interesse an der Ausbildung verhindert weitgehend, daß zukunftsorientierte, berufsfeldübergreifende und flexibel einsetzbare Grundqualifikationen erlernt werden können.

Seit Anfang der 70er Jahre wurde im Rahmen der Berufsbildungsforschung intensiv diskutiert und untersucht, welche beruflichen Qualifikationen in der Lehre vermittelt werden müssen, um Facharbeitern breite berufliche Einsatzmöglichkeiten zu erschließen, sie dadurch letztendlich vor beruflichem Abstieg und Arbeitslosigkeit zu schützen.
Zwar hat die sogenannte Qualifikationsforschung keinesfalls schlüssige Ergebnisse über die Entwicklung und den entsprechenden Bedarf an Fachqualifikationen ermittelt (vgl. Grünewald, 1979). Weitgehende Übereinstimmung erzielten die unterschiedlichsten Forschungsansätze und empirischen Untersuchungen jedoch in der Frage, wie die berufliche Grundbildung, das Fundament aller beruflichen Facharbeiterberufe, zukunftsorientiert aussehen muß: Der Berufsgrundbildung wird eine Gelenkfunktion zugeschrieben, in der sie zwischen der Berufswahl auf der einen Seite und der stärker spezialisierten beruflichen Fachbildung auf der anderen Seite vermittelt.
An Konsequenzen aus der Qualifikationsdiskussion und Berufsbildungsforschung ergaben sich u.a.:

- Verbesserung der Berufsentscheidung durch eine gestufte Berufswahl,
- Entspezialisierung der ersten Stufe beruflicher Bildung mit dem Ziel einer beruflichen Grundbildung auf Berufs-

feldbreite,

- Verzahnung von allgemeinbildenden und beruflichen Inhalten mit dem Ziel einer langfristigen und flexiblen Verwertbarkeit der Qualifikationen.

Diese Reformziele widersprachen jedoch von Anfang an den privaten Ausbildungs- und Verwertungsinteressen der Betriebe. Wie in der Darstellung des dualen Systems schon benannt, interessiert den Einzelbetrieb vorwiegend die ganz spezifische Qualifikation des Lehrlings für seinen Betrieb.

Unter dem Druck des Ausbildungsplatzmangels und der Jugendarbeitslosigkeit seit Mitte der 70er Jahre wurden dann auch zentrale Ansätze in der beruflichen Grundbildung verwässert oder ad acta gelegt. Die Reformabsicht und das Reformergebnis des Berufsgrundbildungsjahres sind Beleg für die Tatsache, daß es die Struktur des dualen Systems verhindert, zukunftsorientierte, einzelbetriebsunabhängige Grundqualifikationen in den verschiedenen Berufen zu vermitteln.
Die Auseinandersetzung um das Berufsgrundbildungsjahr ist nur ein Musterbeispiel für diesen Sachverhalt (vgl. Kapitel IV).

4. Die Qualität und Quantität des Ausbildungsplatzangebots hängt wesentlich von der regionalen Wirtschaftsstruktur des entsprechenden Teilarbeitsmarktes ab.

Bildungspolitische Diskussionen über das duale System fanden in den 60er Jahren oft auf sehr globaler Ebene statt; das verfügbare Datenmaterial über Ausbildungsprobleme bewegte sich fast ausschließlich auf der nationalen Ebene. Für den einzelnen ausbildungsplatzsuchenden Jugendlichen ist jedoch die Ausbildungssituation "vor Ort" wesentlich, seine Berufschancen bestimmen sich wesentlich über das 'Angebot-Nachfrageverhältnis' von Lehrstellen in seiner näheren Umgebung.

Das Anwachsen der Jugendarbeitslosigkeit insbesondere Ende der 70er Jahre machte dann auch deutlich, daß neben dem globalen Defizit an qualifizierten Lehrstellen einzelne regionale Bereiche besonders betroffen sind.
Die Bundesregierung untersuchte 1980 erstmals die Frage, "in welchen Regionen die Probleme der Ausbildung besonders groß und in welchen sie geringer sind" (Berufsbildungsbericht, 1980).
Eine Reihe von anderen Regionalanalysen untersuchten ebenfalls die Ausbildungssituation in Einzelregionen oder einzelnen Arbeitsamtsbezirken (BIBB, 1978).

Insgesamt machten die Zahlen und Ergebnisse deutlich, daß in monostrukturierten Regionen (z.B. Rüsselsheim mit den Opel-Werken) und in ländlich unterentwickelten Regionen (z.B. Ost-Friesland, Südharz, Oberbayern) hunderttausende Jugendliche vor einer geradezu aussichtslosen Situation bezüglich

der Realisierung jeglicher Berufsausbildungswünsche stehen (Meisel, Petzold, 1981).
So bewarben sich 1978 bei der Adam Opel-AG um 300 Ausbildungsplätze 1.400 Jugendliche; im gesamten dortigen Arbeitsamtsbezirk betrug das Ausbildungsplatzdefizit schon 1978 über 20%.
Im Regierungsbezirk Aurich (Ostfriesland) standen noch vor dem enormen Anwachsen der Jugendarbeitslosigkeit 1977 2.500 Ausbildungsplätzen 4.700 Bewerber gegenüber.

5. Die Abstimmung und Planung der Lehrpläne zwischen den beiden Lernorten des dualen Systems - Betrieb und Schule - funktioniert nicht. Angesichts des dominanten Einflusses der Betriebe auf die gesamte Ausbildung hat die Berufsschule weitgehend 'Alibi-Funktion', sie wird zur 'Nachhilfepresse' betrieblicher Ausbildungswünsche.

Die bisher beschriebenen Strukturmängel des dualen Systems bezogen sich nur auf den Lernort 'Betrieb'. Die Hoffnung, daß die Berufsschule den betrieblichen Ausbildungsmängeln entgegenwirken kann, hat sich allerdings auch nicht erfüllt. Im Gegenteil: Die Situation in den Teilzeitberufsschulen ist zusätzlich miserabel. Unterrichtsausfall und damit weniger Stunden als gesetzlich vorgeschrieben (je nach Bundesland 8 - 12 pro Woche), Lehrermangel und zu hohe Klassenfrequenz, fehlende Fachklassen, veraltete Lehrpläne und bürokratisch verkrustete Organisation sind Faktoren, welche die Ausbildungsmisere noch verschärfen (Hansen, 1977).

Von der Struktur und den tatsächlichen Machtverhältnissen her könnte die Berufsschule auch bei einer Überwindung ihrer lernortspezifischen Probleme kaum ein Korrektiv zur betrieblichen Ausbildung sein: Die Betriebe und ihre Interessensvertreter bestimmen weitgehend Qualitätsstandards und ihre Anforderungen in den einzelnen Berufsbildern, Zwischen- und Abschlußprüfungen werden von den Kammern durchgeführt und kontrolliert, eine Abstimmung zwischen betrieblichen und schulischen Lehrplänen erfolgt kaum, wenn, dann nur in Richtung Anpassung an betriebliche Bedürfnisse.
So ist es nicht übertrieben, wenn Untersuchungen über die Berufsschulen zu dem Ergebnis kommen, daß diese eher "Lückenbüßer" für Ausbildungsprobleme im Betrieb sind (Lipsmeier, 1978).

Die Berufsbildungsreform: Von der Idee zur Ruine

Einen ersten ernstzunehmenden Versuch, wenigstens einen Teil der genannten Strukturmängel des dualen Systems zu beseitigen, stellte die Berufsbildungsreform 1969 - 1976 dar.

Ausgangspunkt dieser Reform waren eine Reihe von Motiven: Einerseits stieß die proklamierte Gesamtbildungsreform an die Grenzen der ökonomischen Belastbarkeit des Staates, andererseits herrschte im 'Bildungsunterbau' - den Sonder-, Haupt- und Berufsschulen - eine katastrophale Situation. Unterrichtsausfall zwischen 30 und 40%, große Klassenfrequenzen, Lehrermangel und 25% Hauptschulabsolventen ohne jeglichen Schulabschluß führten in der Öffentlichkeit zunehmend zu Kritik.

Hinzu kam ein noch von der großen Koalition aus CDU/SPD 1969 verabschiedetes Berufsbildungsgesetz, welches alle heiklen Probleme bei einer Reform der Lehrlingsausbildung ausgeklammert hatte.
Getragen von der Lehrlingsbewegung und fortschrittlichen Gewerkschaftsgruppierungen gerieten die Mängel des dualen Systems verstärkt in die Schußlinie öffentlicher Kritik und Diskussion.
All diese Gründe haben mit dazu beigetragen, daß die neue sozialliberale Regierung die Berufsbildungsreform auf ihre Fahnen schrieb und die "vergessene Majorität" der 1,5 Millionen Lehrlinge zum zentralen Bezugspunkt ihrer Reformprogrammatik machte.

Mehr Demokratie in der Berufsausbildung - die Reformziele

Insgesamt zielten die Pläne der SPD/FDP-Koalition darauf ab, die gesamte Berufsbildung staatlicher Verantwortung zu unterstellen. Wenn auch vorsichtig und schrittweise, so

sollte doch die Alleinverfügungsgewalt der Unternehmer über die betriebliche Berufsausbildung abgebaut werden.
Willi Brandt dazu: "... die Bundesregierung hat sich für die staatliche Kontrolle der beruflichen Bildung entschieden. Die Frage nach der Qualität der beruflichen Bildung wird nicht mehr in erster Linie dem Urteil privater Betriebe überlassen bleiben." (Willi Brandt, 1973)

Das Konzept der Bundesregierung zielte dann auch auf eine Verstärkung der öffentlichen Verantwortung und Kontrolle für den Gesamtbereich der beruflichen Bildung. Die Feststellung der Eignung von Ausbildungsstätten, die Kontrolle der beruflichen Bildung sowie das Prüfungswesen sollten der alleinigen Zuständigkeit der Kammern entzogen und unter staatliche Verantwortung gestellt werden.

Die von der Bundesregierung Ende 1973 verabschiedeten "Grundsätze zur Neuordnung der beruflichen Bildung ('Markierungspunkte') stellen den Höhepunkt programmatischer Planung dar.

Im einzelnen wurde darin u.a. vorgeschlagen:

- die Kontrolle in der beruflichen Bildung und insbesondere das Prüfungswesen der Zuständigkeit der Kammern zu entziehen und dem Staat zu überantworten,
- betriebliche und überbetriebliche Ausbildungsstätten besser auf ihre Eignung zu überprüfen,
- die Ausbilder besser zu qualifizieren und ihre Position im Betrieb zu stärken,
- das Berufsgrundbildungsjahr allgemein als erstes Lehrjahr einzuführen,
- langfristig eine Verzahnung von allgemeinbildenden und beruflichen Inhalten anzustreben.

Kurz nach den 'Markierungspunkten' veröffentlichte die Bundesregierung auch ihre Vorstellungen über eine neue Finanzierung der Berufsausbildung; die sogenannte Fondsfinanzierung wurde zum zentralen Mittelpunkt in der nun folgenden Auseinandersetzung zwischen Regierung und Arbeitgebern.

Wir wollen hier deshalb kurz auf die sogenannte Fondsfinanzierung eingehen, weil die Überwindung der einzelbetrieb-

lichen Finanzierung der Berufsausbildung nach wie vor eine der zentralen Voraussetzungen ist, die Qualität der beruflichen Bildung insgesamt zu verbessern (vgl. Strukturmangel 2).
Dies wurde erneut durch ein von der IG Metall in Auftrag gegebenes Gutachten bestätigt. Darin wird eine Reform der Ausbildungsfinanzierung nochmals ausführlich begründet und gefordert (vgl. IG Metall (Hg.), 1983).

Ausgangspunkt der Finanzierungsdiskussion war die Überzeugung der Regierung, daß nur eine betriebs- und konjunkturunabhängige Ausbildungsfinanzierung die Qualität der Berufsausbildung sichern könne.

Der ehemalige Bildungsminister Rohde in diesem Zusammenhang: "... die Bundesregierung will dafür sorgen, daß die berufliche und gesellschaftliche Entwicklung des Einzelnen nicht durch das besondere wirtschaftliche Interesse eines Betriebes beeinträchtigt wird ... Entscheidende Grundlage dafür ist die Veränderung des Finanzierungsmodus auf der Grundlage eines überbetrieblichen Finanzierungsfonds." (Rohde, 1974)

Das Modell für die Finanzierung lieferte die sogenannte Edding-Kommission (benannt nach ihrem Leiter Friedrich Edding).
Sie schlug einen dauerhaften überbetrieblichen Fonds vor, in den alle Betriebe einen Beitrag (1% der Brutto-Lohn- und Gehaltssumme) einzahlen sollten. Diese Mittel (ca. fünf Milliarden DM) sollten dann nur an solche Betriebe verteilt werden, die Ausbildung nach bestimmten Qualitätsmaßstäben betreiben. Je nach Qualität des Ausbildungsprozesses sollten gestaffelte Vergabesätze ausgezahlt werden, von denen man sich die qualitative Steuerung der Ausbildungsstruktur versprach (Rudolph, 1976).

Rückzugsgefechte

Sowohl die Markierungspunkte aber besonders die Fondsfinanzierung riefen massive Proteste der Wirtschaft hervor, die bis hin zur Boykottdrohung auf Einstellung jeglicher Lehrlingsausbildung reichten (vgl. DIHT, 1973).

Aus der richtigen Erkenntnis heraus, daß der Staat über die Einführung des Fonds einen 'Einstieg' für inhaltliche Auflagen (Qualitätsstandards) der Ausbildung erhalten könnte, verweigerte die Wirtschaft jegliche Realisierung der Reformpläne.

Unter dem Druck von Industrie und Handwerk, unterstützt durch CDU/CSU und FDP kam es dann auch ab 1973/74 zu einer schrittweisen Zurücknahme aller strukturellen Reformansätze.
Die Markierungspunkte wurden "zum Zwecke der Überarbeitung" zurückgezogen, die Fondsfinanzierung "neu überdacht".

Nach vielem Hin und Her wurde dann 1976 das sogenannte "Ausbildungsplatzförderungsgesetz" verabschiedet, welches alle substantiellen Reformabsichten fallen ließ.
Die Umlagefinanzierung wurde ihrer Intention beraubt. Zwar blieb die Möglichkeit zur Erhebung einer sogenannten Ausbildungsabgabe bestehen, doch lediglich als 'Kann-Bestimmung' und mit erheblichen Einschränkungen.
Konkret: Nur wenn das Angebot an Ausbildungsplätzen nicht mindestens 12,5% über der Nachfrage lag, konnte die Regierung - mußte aber nicht - 0,25% der jährlichen Lohn- und Gehaltssummen einfordern. Befreit waren jedoch die Klein- und Mittelbetriebe. Das Geld sollte auch nicht nach Qualitätskriterien, sondern als 'Kopfprämie' pro Auszubildendem an die Betriebe verteilt werden.
Damit war natürlich eine effektive Steuerung der Ausbildungsqualität nicht möglich.
Daß dies auch längst nicht mehr beabsichtigt war, zeigt die Tatsache, daß von dieser 'Kann-Bestimmung' der Umlageerhebung nie Gebrauch gemacht wurde, obwohl die Lehrstellensituation alle Voraussetzungen dazu bot (vgl. auch Kap. IV).

Legitimiert wurde dies seitens der Bundesregierung mit dem

ausreichenden "Drohmoment" des Ausbildungsplatzförderungsgesetzes, oder - wie Genscher und Friederichs von der FDP es formulierten - mit der "Hilfe zur Selbsthilfe", die von der Fonds-Möglichkeit ausgehe.

Doch auch dieses Rumpf-Ausbildungsgesetz von 1976 ging den Unternehmerverbänden noch zu weit. Auf Antrag der CDU/CSU-regierten Länder wurde es im Dezember 1980 vom Bundesverfassungsgericht aus formalen Gründen für verfassungswidrig erklärt.
Im Jahre 1981 wurde dann als Schlußpunkt das "Berufsbildungsförderungsgesetz" verabschiedet. In diesem Gesetz ist weder eine Finanzierungsregelung noch andere strukturelle Reformsubstanz enthalten. Eigentlich sichert dieser vorläufige Endpunkt der Berufsbildungsreform nur noch die Erstellung der jährlichen Berufsbildungsberichte und damit das Bestehen des Bundesinstituts für Berufsbildung (BIBB) in Berlin ab.

Warum die Reform gescheitert ist

Die Analyse der Berufsbildungsreform macht deutlich, daß spätestens seit dem Scheitern der 'Markierungspunkte' die beabsichtigte qualitative Reformstrategie gescheitert war. Die sich anschließende neue Politik der rein quantitativ orientierten Ausbildungsplatzsicherungsstrategie und ihre Folgen für das duale System und die betroffenen Jugendlichen steht im Mittelpunkt unseres Buches.

Trotzdem soll hier noch kurz auf die Frage 'warum ist die Reform eigentlich gescheitert', eingegangen werden.
Nicht etwa, weil damit ein Schlußstrich unter eine abgeschlossene Reformphase gezogen werden soll. Im Gegenteil: Die in den nachfolgenden Kapiteln dargestellte Entwicklung des Berufsausbildungssystems macht deutlich, daß eine Strukturreform nach wie vor überfällig ist.
An viele Vorschläge und Ziele der 'alten' Berufsbildungsre-

form wird dabei angeknüpft werden müssen, auch wenn heute rückblickend Teile der Reformvorstellungen kritisch gesehen werden sollten (z.B. Tendenz der Bürokratisierung und Verschulung).

Eine Analyse des Reformscheiterns ist jedoch Voraussetzung eines neuen Anlaufs zur qualitativen Sicherung und Verbesserung der Lehrlingsausbildung.

Obwohl die Gründe für das Scheitern vielfältig sind und ihr Zusammenwirken hier nicht im Detail dargestellt werden kann (vgl. dazu Petzold, 1981), sollen doch einige zentrale Faktoren wenigstens genannt werden:

- Die Erfolglosigkeit des Staates (insb. in der Finanzierung) erklärt sich durch die mangelnde Eingriffskompetenz seiner Politik in die Belange der Einzelbetriebe. Die Fehleinschätzung insbesondere der Sozialdemokratie, die Unternehmer würden die Reform weitgehend mittragen, erwies sich dann als folgenreich, als diese wegen der Gefahr des Macht- und Verfügungsverlustes in der Lehrlingsausbildung geschlossen gegen die Reform mobil machten.
- Die ab 1975 sich zunehmend verschlechternden 'Rahmenbedingungen' der Reform kommen hinzu:
  Das Ansteigen der Arbeitslosigkeit und die knapper werdenden Haushaltsmittel haben die strukturelle Stärke der Unternehmer noch verstärkt.
- Auch das Verhalten der Gewerkschaften gilt es bei der Ursachenanalyse des Scheiterns nicht außer acht zu lassen. Ziemlich passiv vertrauten die Gewerkschaften auf das parlamentarische Durchsetzungsvermögen der regierenden SPD. Eine Mobilisierung gegen das Zurückdrehen der Reform fand nicht statt (höchstens verbalradikal), Möglichkeiten alternativer Reformstrategien (z.B. über Tarifverträge) wurden nicht ausgeschöpft.

II Jugendarbeitslosigkeit und Lehrstellenmangel: Zahlen, Fakten, Hintergründe

Das Scheitern der Berufsbildungsreform Mitte der siebziger Jahre markiert den Beginn einer tiefgreifenden Krise und eines damit verbundenen strukturellen Wandels des Ausbildungssystems. Statt des Streites um eine Qualitätsverbesserung der Berufsausbildung und eine Reform der Finanzierung bestimmt seitdem ein anderes Problem die staatliche Berufsbildungspolitik: die wachsende Jugendarbeitslosigkeit.

Dieser Begriff meint eigentlich zwei unterschiedliche Phänomene. Einerseits geht es um das Problem, daß immer mehr Jugendliche nach Schulabschluß keinen Ausbildungsplatz finden und dadurch arbeitslos werden. Andererseits können immer weniger Jugendliche damit rechnen, nach erfolgreich absolvierter Lehre vom Ausbildungsbetrieb in ein Beschäftigungsverhältnis übernommen zu werden.

Zahlensalat I: Wieviel arbeitslose Jugendliche gibt es wirklich?

Das Problem der Jugendarbeitslosigkeit rückte erstmals 1974 ins öffentliche Bewußtsein. Die Zahl der arbeitslosen Jugendlichen unter 20 Jahren hatte sich im Vergleich zum Vorjahr mehr als verdreifacht und fast 70.000 erreicht.
Die Quote arbeitsloser Jugendlicher, d.h. der Anteil der arbeitslosen an allen erwerbstätigen Jugendlichen dieser Altersgruppe lag deutlich über der allgemeinen Arbeitslosenquote.

In den folgenden Jahren stieg die Zahl der jugendlichen Arbeitslosen auf weit über 100.000 an. Trotz zahlreicher staatlicher Maßnahmen (vgl. Kap. IV) und eines konjunkturellen Aufschwungs ging sie bis 1979 nur wieder auf 70.000 zurück. Seitdem ist jedoch eine erhebliche Zunahme zu verzeichnen. Anfang 1983 wurden die 200.000 überschritten.

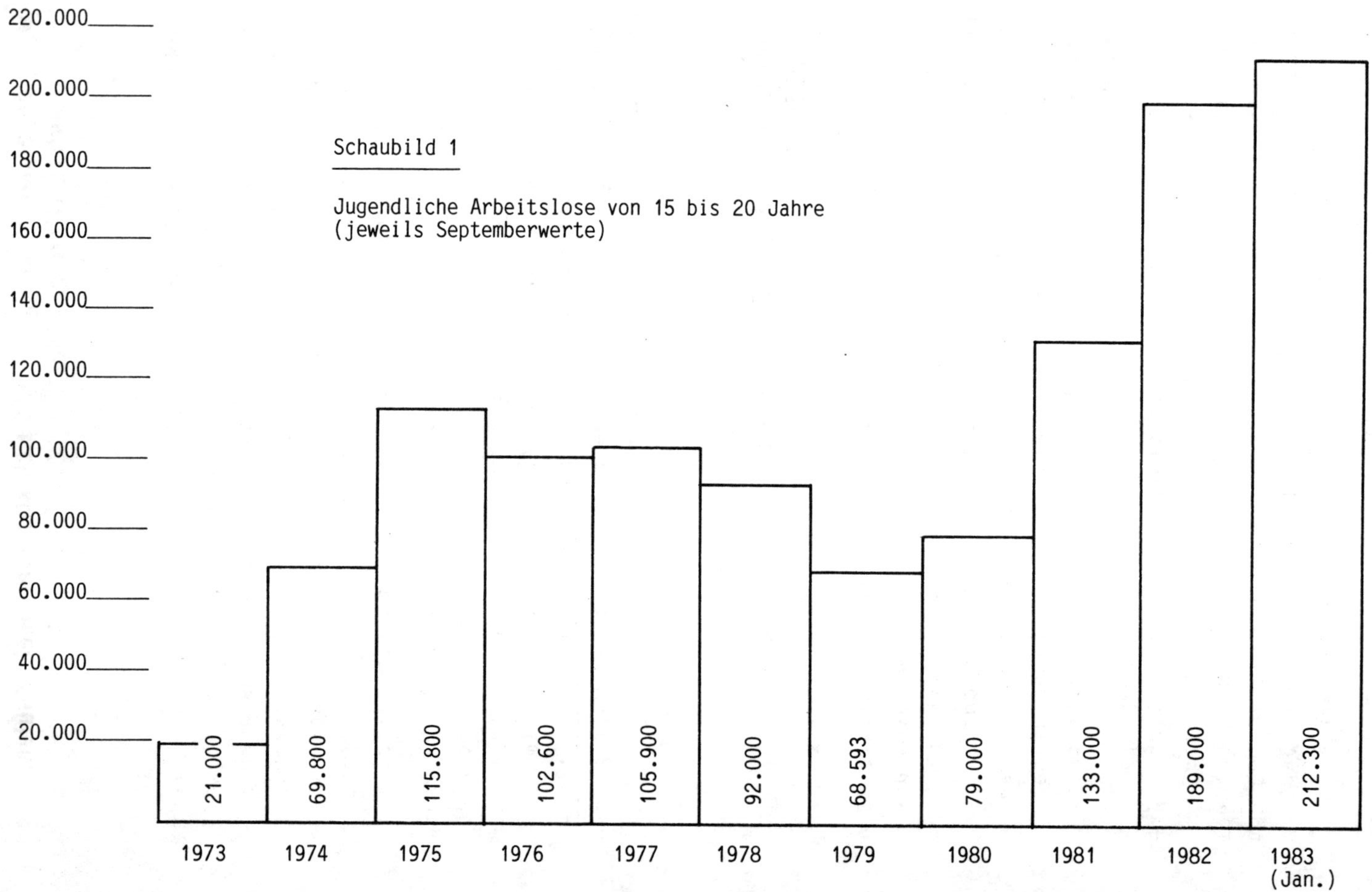
220.000
200.000
Schaubild 1
Jugendliche Arbeitslose von 15 bis 20 Jahre
(jeweils Septemberwerte)
180.000
160.000
140.000
120.000
100.000
80.000
60.000
40.000
20.000
21.000
69.800
115.800
102.600
105.900
92.000
68.593
79.000
133.000
189.000
212.300
1973
1974
1975
1976
1977
1978
1979
1980
1981
1982
1983
(Jan.)

Diese Zahlen der Bundesanstalt für Arbeit bezeichnen jedoch lediglich die Spitze des Eisbergs. Denn sie beziehen sich nur auf die Gruppe der 15 bis 20jährigen. Aufgrund der verlängerten Ausbildungszeiten müßte - was in den europäischen Nachbarländern üblich ist - auch die Gruppe der 20 bis unter 25jährigen hinzugezählt werden. Diese Gruppe ist sogar noch stärker von Arbeitslosigkeit betroffen und weist seit Jahren die mit Abstand höchste altersspezifische Arbeitslosenquote auf.
Mehr als 300.000 Jugendliche zwischen 20 und 25 Jahren sind mittlerweile als arbeitslos registriert.

Eine weitere Gruppe wird von der Statistik des Arbeitsamtes nicht erfaßt: All diejenigen Jugendlichen, die gerade deshalb, weil sie keinen Arbeits- bzw. Ausbildungsplatz finden konnten, für ein weiteres Jahr die Schulbank drücken müssen. Die Teilnahme an einer solchen berufsvorbereitenden Maßnahme kann zwar die individuellen Chancen auf einen Ausbildungsplatz erhöhen und wird im Falle des Berufsgrundbildungsjahres bzw. der Berufsfachschule oftmals auch auf die Ausbildungszeit angerechnet.
Dies darf nicht darüber hinwegtäuschen, daß mehr als die Hälfte dieser Jugendlichen - bei steigender Tendenz - im Anschluß an diese Maßnahmen keinen Ausbildungsplatz erhalten. Für sie hat dieses zusätzliche Schuljahr lediglich Aufbewahrungsfunktion, im Grunde sind sie arbeitslos.
In Kapitel IV werden diese verschiedenen Maßnahmen im einzelnen untersucht. In diesem Zusammenhang genügt es festzuhalten, daß mindestens die Hälfte der über 250.000 Jugendlichen in den Maßnahmen des 10. Bildungsjahres und vermutlich auch ein beträchtlicher Teil der fast 400.000 Jugendlichen in Berufsfachschulen als arbeitslos anzusehen sind.

Dazu kommt die Gruppe der Jugendlichen, die "nur" einen Ausbildungsplatz suchen, aber nicht bereit sind, gegebenenfalls auch eine Arbeitsstelle anzutreten. Nach den Kriterien des Arbeitsamtes gelten sie nicht als arbeitslos, sondern werden in einer gesonderten Statistik der Berufsberatung als Ausbildungsplatzsuchende geführt. Zum Stichtag 30.09.1982 waren das 36.000 Jugendliche.

Schließlich gibt es noch eine Dunkelziffer arbeitsloser Jugendlicher, die in keiner Statistik erfaßt sind.
Das wahre Ausmaß dieser Dunkelziffer ist sehr umstritten. Sie setzt sich zusammen aus Jugendlichen, die sich aus den unterschiedlichsten Gründen - Resignation, Unwissenheit, "Aussteiger" - erst gar nicht beim Arbeitsamt melden; denn Anspruch auf finanzielle Unterstützung haben sie sowieso nicht.
In dieser Gruppe sind besonders viele junge Frauen vertreten, die im Familienbetrieb aushelfen oder früh heiraten und sich deshalb nicht arbeitslos melden.
Maßgeblichen Anteil an der Dunkelziffer haben auch die ausländischen Jugendlichen. Viele von ihnen haben keine Arbeitserlaubnis - die bekommen sie erst nach zweijährigem Aufenthalt in der BRD bzw. wenn sie eine berufsvorbereitende Maßnahme abgeleistet haben - und gelten deshalb auch nicht als arbeitslos. Andere sind - aus Angst vor dem komplizierten Ausländerrecht - erst gar nicht hier gemeldet, geschweige denn beim Arbeitsamt registriert. Und für die meisten gilt - wie für viele ihrer deutschen Altersgenossen -, daß es ihnen an Informationen fehlt.

Das exakte Ausmaß dieser Dunkelziffer ist schwer zu bestimmen. In den letzten Jahren sind eine ganze Reihe von Untersuchungen und Modellrechnungen vorgelegt worden, die die Existenz dieser Dunkelziffer bestätigen und ihr eine beträchtliche Größenordnung bescheinigen. Die wichtigsten Veröffentlichungen dazu sind im Materialteil zu diesem Kapitel dokumentiert. Danach kann man auch bei vorsichtiger Schätzung von einer Gesamtzahl von mindestens 200.000 Jugendlichen ausgehen, die in keiner Statistik erfaßt sind.

Zusammenfassend ergibt sich daraus für das wahre Ausmaß der Jugendarbeitslosigkeit folgende Rechnung:

o registrierte jugendliche Arbeitslose von 15 bis 20 Jahren, Stand: Dez. 1982	203.000
o registrierte jugendliche Arbeitslose von 20 bis 25 Jahren, Stand: Dez. 1982	327.000
o registrierte unvermittelte Ausbildungsplatzsuchende, Stand: 30.09.1982	36.000
o Jugendliche in berufsvorbereitenden Maßnahmen incl. Berufsfachschulen, die nicht mit einem Übergang in ein Ausbildungsverhältnis rechnen können: geschätzt	150.000
o Dunkelziffer: geschätzt	200.000
	916.000

Nach dieser Berechnung muß also davon ausgegangen werden, **daß derzeit für mehr als 900.000 Jugendliche unter 25 Jahren Arbeits- bzw. Ausbildungsplätze fehlen.** Dies hängt nicht zuletzt mit der quantitativen und qualitativen Entwicklung des Angebots an Ausbildungsplätzen zusammen.

Zahlensalat II: Wie ausgeglichen ist die Lehrstellenbilanz?

Mehr noch als das Ausmaß der Jugendarbeitslosigkeit ist das Lehrstellenangebot und die jährliche Lehrstellenbilanz ins Zentrum der öffentlichen Auseinandersetzungen gerückt. Während sich die Gewerkschaften und zahlreiche Berufsbildungsforscher besorgt über die Entwicklung der siebziger Jahre zeigen und für die achtziger Jahre ein erhebliches Defizit an Lehrstellen prognostizieren, verkündete das Institut der deutschen Wirtschaft bereits Anfang 1980: "Das duale System hat in den siebziger Jahren eine große Bewährungsprobe bestanden. Allen Unkenrufen zum Trotz konnte die Wirtschaft die steigende Nachfrage nach Ausbildungsplätzen aufgrund der geburtenstarken Jahrgänge befriedigen ... ... (sie) hat damit bewiesen, daß sie zu einer flexiblen Lösung der Ausbildungsprobleme fähig ist, ohne daß gesetzliche Auflagen angewendet werden." (Institut der deutschen Wirtschaft, 1980)

Dennoch macht sich die Wirtschaft Sorgen: Glaubt man den Prognosen ihrer maßgeblichen bildungspolitischen Institute, so wird es in den 80er Jahren nicht etwa zu wenig Lehrstellen, sondern vielmehr zu wenig Lehrstellenbewerber geben: "Der drohende Fachkräftemangel und der Wettbewerb der Bildungsinstitutionen um die Schüler und Auszubildenden werden der Berufsbildungspolitik in den 80er Jahren ihren Stempel aufdrücken." (Institut der deutschen Wirtschaft, 1980) Und: "Nachdem das Problem der Unterbringung der geburtenstarken Jahrgänge in der Ausbildung weitgehend zufriedenstellend gelöst worden ist, wird in den kommenden Jahren ein verschärfter Wettbewerb der ausbildenden Wirtschaft und der staatlichen Bildungseinrichtungen um die abnehmende Zahl von Schulabgängern einsetzen." (Institut der deutschen Wirtschaft, 1981)

Wie weit dieser Optimismus hinsichtlich einer 'flexiblen Lösung der Ausbildungsprobleme' an der Realität vorbeigeht und wie wenig berechtigt die Sorge um die Facharbeiterlücke in den nächsten Jahren ist, versuchen wir nun nachzuweisen.

Lehrstellenentwicklung

Betrachtet man die Entwicklung des Lehrstellenangebots der letzten beiden Jahrzehnte, so fallen drei Brüche auf. Der erste fand Ende der sechziger Jahre statt. Das Lehrstellenangebot hatte den Höchststand von ca. 650.000 erreicht und begann kontinuierlich abzusinken.
Bis Mitte der siebziger Jahre ging es auf weit unter 500.000 zurück. Dann erfolgte ein erneuter Anstieg, bis 1979 wieder der Stand von 1969 erreicht wurde und 1980 ein neuer Höchststand von fast 700.000 zustandekam. Danach ging es wieder bergab. Das Lehrstellenangebot von 1982 entsprach genau dem Angebot von 1969.
Die so oft gehörte Behauptung der Wirtschaft, sie habe ihr Lehrstellenangebot gewaltig gesteigert, stimmt also nur für die letzten Jahre. Über einen längeren Zeitraum betrachtet entpuppt es sich als Augenwischerei.
Wir wollen uns nun dem Verhältnis von Lehrstellenangebot und -nachfrage in den letzten Jahren zuwenden.
Zunächst einige Zahlen:

Tab. 1: Angebot an und Nachfrage nach Ausbildungsplätzen

Jahr	Angebot an Ausbildungsplätzen (a)	Nachfrage nach Ausbildungsplätzen (b)	Angebotsüberhang (c)
1976	517.100	526.700	- 9.600 = - 1,9%
1977	583.500	585.000	- 1.500 = - 0,3%
1978	621.600	625.800	- 4.100 = - 0,7%
1979	677.287	660.452	+ 16.785 = + 2,5%
1980	694.605	667.355	+ 27.250 = + 4,1%
1981	642.700	627.492	+ 15.208 = + 2,4%
1982	651.000	667.000	- 16.000 = - 2,4%

a) Summe aus allen neu abgeschlossenen Ausbildungsverträgen und allen unbesetzt gebliebenen Lehrstellen des jeweiligen Jahres (Stichtag: 30.09.)

b) Summe aus allen neu abgeschlossenen Ausbildungsverträgen und allen unvermittelt gebliebenen Bewerbern des jeweiligen Jahres (Stichtag: 30.09.)

c) Differenz aus a) und b)

Auf den ersten Blick suggeriert die Tabelle tatsächlich, daß das Angebot im großen und ganzen ausreichend war. Wenn man Bundeskanzler Kohl Glauben schenkt, so wird die Wirtschaft ihr Lehrstellenangebot 1983 kräftig steigern. Um 30.000 soll es über der Nachfrage liegen (Kohl in FR vom 04.02.1983). Es besteht also scheinbar kein Grund zur Sorge.

Doch auch ein solcher Angebotsüberhang wie ihn Kohl für 1983 vollmundig verspricht, verschleiert nur die zugrundeliegenden Probleme. In Wirklichkeit ist das Defizit an Ausbildungsplätzen wesentlich höher als die offiziellen Zahlen glauben machen.

Bereits das mittlerweile außer kraft gesetzte Ausbildungsplatzförderungsgesetz von 1976 legte einen Angebotsüberhang von 12,5% als Richtschnur für ein ausgeglichenes Verhältnis von Angebot und Nachfrage aller Lehrstellen fest.

Denn von einer ausgeglichenen Lehrstellenbilanz kann ei-

gentlich nur gesprochen werden, wenn jeder Jugendliche - unabhängig von seinem Wohnort - eine seinen Fähigkeiten und Wünschen entsprechende Ausbildung absolvieren kann und reelle Chancen bestehen, im erlernten Beruf auch einen Arbeitsplatz zu finden.
Was nutzt einem Jugendlichen aus Bayern die freie Lehrstelle in Hamburg, was soll ein Jugendlicher ohne Hauptschulabschluß mit einer Lehrstelle in der Bank, für die mindestens mittlere Reife verlangt wird und was hat ein Mädchen von einer freien Lehrstelle für Maurer?

Wenn heute Politiker aller Couleur zunehmend davon sprechen, daß das Lehrstellenproblem sich eigentlich als Problem der "Ausbildungsfähigkeit, Ausbildungswilligkeit, Mobilität und Abkehr von Wunschberufen stellt" (Dregger, 1983), so ist dies neben der Schuldzuweisung an die Opfer der Misere indirekt auch der Beleg für die strukturell defizitäre Lehrstellensituation.

Ein Angebotsüberhang von 12,5% erscheint angesichts des regionalen Gefälles sowie der unterschiedlichen Interessen und Fähigkeiten der Jugendlichen noch sehr knapp bemessen. Dennoch: Legt man allein dieses Kriterium zugrunde, hätten 1981 mindestens 723.000 und 1982 750.000 Lehrstellen vorhanden sein müssen, d.h. an einer im Sinne des Ausbildungsplatzförderungsgesetzes ausgeglichenen Lehrstellenbilanz fehlten 1981 mehr als 80.000 und 1982 genau 100.000 Ausbildungsplätze.
Diese Berechnung basiert jedoch auf der offiziellen Statistik des Arbeitsamtes zur Ausbildungsplatznachfrage. Die in den Berufsbildungsberichten des Bildungsministeriums jährlich veröffentlichten Zahlen - vgl. Tab. 1 - kommen durch die Addition der tatsächlich zustandegekommenen Ausbildungsverträge mit der Zahl der beim Arbeitsamt registrierten und nicht vermittelten Bewerber zustande. Diese Verfahrensweise berücksichtigt - ähnlich wie bei der Berechnung der Jugendarbeitslosigkeit - zumindest zwei Sachverhalte nicht: Erstens werden die Teilnehmer berufsvorbereitender Maßnahmen nicht mitge-

rechnet und zweitens wird das Vorhandensein einer erheblichen Dunkelziffer ignoriert.

Konkret: Wenn ein Jugendlicher nach Verlassen der allgemeinbildenden Schule keinen Ausbildungsplatz findet, so muß er mittlerweile in den meisten Bundesländern ein sogenanntes zehntes Bildungsjahr ableisten (→ vgl. dazu Kap. IV), d.h. eine berufsvorbereitende Maßnahme besuchen oder ein Jahr länger in die Hauptschule gehen. Damit verschwindet er aus der Statistik der Ausbildungsplatzsuchenden des Arbeitsamtes, obwohl er in der Regel das zehnte Bildungsjahr nur deshalb besucht, weil er keine Lehrstelle erhalten konnte.
Auch die Existenz einer hohen Dunkelziffer ist leicht zu erklären. Es gibt nämlich keine Meldepflicht für die ausbildungsplatzsuchenden Jugendlichen. Viele sprechen erst gar nicht beim Arbeitsamt vor, sondern suchen auf eigene Faust eine Lehrstelle. Wenden sie sich doch an die Berufsberatung, so erhalten sie dort Vermittlungsvorschläge. Lehnt der betreffende Betrieb sie ab, so müssen sie, um weiter als Ausbildungsplatzsuchende geführt zu werden, erneut bei der Berufsberatung vorsprechen. Tun sie das nicht, was mit jeder erfolglosen Bewerbung wahrscheinlicher wird, so gelten sie als vermittelt und verschwinden ebenfalls aus der Statistik.

Auch die Jugendlichen, die ihre Lehre abbrechen bzw. denen nach Ablauf der Probezeit gekündigt wird (derzeit ca. 10%), erscheinen nur dann wieder in der Statistik der Ausbildungsplatzsuchenden, wenn sie sich beim Arbeitsamt melden.
Berufsschullehrer berichten, daß manche Betriebe dazu übergehen, mehr Lehrlinge einzustellen, als sie tatsächlich ausbilden wollen, um sich die Besten auszusuchen und die restlichen Jugendlichen nach Ablauf der Probezeit zu entlassen.
Solche Praktiken, über deren Verbreitung allerdings keine Aussage gemacht werden kann, verzerren zusätzlich die Statistiken.

Die offizielle Lehrstellenbilanz ist also auf der Nachfrageseite sehr unvollständig. Dies gilt natürlich auch für die Angebotsseite. Denn wenn ein Betrieb seine freien Lehrstellen dem Arbeitsamt nicht meldet, so erscheinen sie nur dann in der Statistik, wenn sie besetzt werden können, d.h. wenn ein Vertragsabschluß zustandekommt, der dann automatisch registriert und dem Arbeitsamt mitgeteilt wird.
Unbesetzt gebliebene Ausbildungsstellen erscheinen auf der Angebotsseite der Lehrstellenbilanz nur dann, wenn sie dem Arbeitsamt gemeldet waren. In der momentanen Situation auf dem Lehrstellenmarkt dürfte es allerdings recht selten vorkommen, daß Lehrstellen aus diesem Grund nicht in der Statistik erscheinen. Verglichen mit der Zahl der nicht registrierten Ausbildungsplatzsuchenden ist diese Zahl sicherlich vernachlässigbar gering.

Solche Unzulänglichkeiten bei der Erfassung von Angebot und Nachfrage auf dem Lehrstellenmarkt ließen sich im übrigen größtenteils leicht beheben: Durch die Einführung einer Meldepflicht sowohl für die Jugendlichen als auch für die Betriebe, die Lehrstellen anzubieten haben. Gegen diesen alten Vorschlag der Gewerkschaften, aufgegriffen von der sozial-liberalen Koalition zu Beginn der siebziger Jahre, haben sich jedoch Arbeitgeber als auch CDU/CSU und Teile der FDP bisher erfolgreich gewehrt.
Ihr Argument: Eine Meldepflicht bringt nur mehr Bürokratie und schafft keinen einzigen zusätzlichen Ausbildungsplatz.

Bedarf an Lehrstellen bleibt hoch

Da die offiziellen Lehrstellenstatistiken nur einen Teil der tatsächlichen Nachfrage erfassen - und den auch erst nach Abschluß der Lehrverträge - sind Bedarfsprognosen außerordentlich schwierig. Verschiedene Berufsbildungsforscher haben deshalb mittels einer sogenannten Berufsbildungsgesamtrechnung versucht, den tatsächlichen Bedarf

an Lehrstellen für die achtziger Jahre zu errechnen (vgl. Materialteil zu diesem Kapitel).
Sie gehen bei ihren Modellrechnungen von den Absolventenzahlen des allgemeinbildenden Schulsystems aus, d.h. sie addieren alle Jugendlichen, die in einem bestimmten Jahr die Sonder-, Haupt- und Realschulen bzw. das Gymnasium verlassen werden und ziehen den Prozentsatz ab, der erfahrungsgemäß ein Studium beginnt oder einen Berufsabschluß außerhalb des dualen Systems anstrebt (z.B. Fachschulen, Beamtenanwärter). Der Differenzbetrag ist - wenn man das politische Ziel einer Berufsausbildung für alle' zugrundelegt - durch das duale System zu versorgen.

Da außerdem in den letzten Jahren mehrere hunderttausend Jugendliche ohne vollqualifizierende Berufsausbildung geblieben sind, die sicherlich noch nicht alle ihre Berufswünsche begraben haben, muß noch ein erheblicher Nachholbedarf einkalkuliert werden.
Auch die ausländischen Jugendlichen, die im Rahmen der Familienzusammenführung in den nächsten Jahren einreisen werden und in den Schülerstatistiken der Länder noch nicht enthalten sind, müssen hinzugerechnet werden.
Schließlich besteht noch ein wachsender Bedarf an Lehrstellen für Umschüler, d.h. für Arbeitslose, die - vom Arbeitsamt gefördert - eine neue Ausbildung beginnen.

Zählt man alle diese Zahlen zusammen, so ergibt sich für 1981 und 1982 eine tatsächliche Nachfrage von mindestens 750.000 (vgl. Kloas u.a., 1980, Baethge, 1983). Rechnet man jetzt noch den Angebotsüberhang von 12,5% hinzu, so kommt man für diese beiden Jahre zu einem Lehrstellenbedarf von fast 850.000. Zur Erinnerung: Lediglich 651.000 Lehrstellen wurden 1982 angeboten!

Führt man diese Rechnung fort, läßt sich leicht nachweisen, daß der Bedarf an Lehrstellen in den achtziger Jahren generell sehr hoch bleiben und zumindest bis 1987 weit über dem derzeitigen Angebotsniveau liegen wird. Dies gilt umso mehr, als auch in den beiden letzten Jahren (1981 und 1982) der Bedarf nicht annähernd gedeckt werden konnte, so daß der Nachholbedarf gegenüber den Annahmen der Modellrechnungen noch kräftig gestiegen ist.

Auch Bildungsministerin Dorothee Wilms geht mittlerweile davon aus, daß der Bedarf an Lehrstellen in den nächsten Jahren trotz "Pillenknick" nicht sinken wird (vgl. FR, 19.01.1983).
In Anbetracht der fortschreitenden Pleitewelle, von der in erster Linie Klein- und Mittelbetriebe betroffen sind, die ja im Verhältnis wesentlich mehr ausbilden als Großbetriebe, muß dagegen mit einem Rückgang des Lehrstellenangebots gerechnet werden.
Die ersten Vorab-Zahlen für 1983 scheinen diese Befürchtung zu bestätigen. Die offizielle Halbjahresbilanz der Bundesanstalt für Arbeit weist einen Fehlbedarf von über 100.000 Lehrstellen aus. Zum Stichtag 31. März 1983 standen 451.000 ausbildungsplatzsuchenden Jugendlichen nur 335.000 gemeldete Plätze gegenüber.

<u>Es kann also festgehalten werden:</u>

Das duale Ausbildungssystem hat seine Bewährungsprobe nicht bestanden. Hunderttausende von Jugendlichen sind in den letzten Jahren ohne Ausbildung geblieben und hunderttausende werden auch in den nächsten Jahren ohne Ausbildung bleiben, wenn die Verantwortlichen in Wirtschaft und Politik nicht handeln.

Der Facharbeitermangel: Ernsthaftes Problem oder Scheinargument?

Wenn gegenwärtig ca. 900.000 junge Menschen ohne Ausbildung und Arbeit sind, müßten die Verantwortlichen in Wirtschaft und Staat eigentlich aktuell etwas tun, um eine ganze Generation nicht im Abseits stehen zu lassen.
Die Wirtschaft und ihre Interessenvertreter sorgen sich jedoch nicht so sehr um das hier und heute arbeitsloser Jugendlicher, sondern eher um die 90er Jahre in unserem Lande: Das Stichwort heißt 'Facharbeitermangel', ihn fürchten maßgebliche wissenschaftliche Institute der deutschen Wirtschaft (z.B. Institut der deutschen Wirtschaft, 1981).
Aber auch staatliche Institutionen, Gewerkschaftsvertreter und die politischen Parteien reden vom sogenannten Facharbeitermangel, unterschiedlich gewichtet freilich in der Frage, ob er heute schon, in den nächsten Jahren oder gar erst in den 90er Jahren das zentrale Problem des Berufsbildungssystems sei.
Obwohl in Nuancen und Begründungszusammenhängen unterschiedlich, klingt die immer wieder zu hörende Konsequenz aus dem Fachkräftemangel-Argument überall so ähnlich wie es beispielsweise das Institut der deutschen Wirtschaft schon 1981 formulierte: "... der Gefahr eines Nachwuchsmangels an Facharbeitern und Fachkräften ab Mitte der 80er Jahre muß durch Erschließung bisher nicht ausgeschöpfter Begabungspotentiale begegnet werden."

Inwieweit hält nun das Gerede vom Facharbeitermangel einer empirischen Überprüfung stand?

Das Bundesinstitut für Berufsbildung (BIBB), das Institut für Arbeitsmarkt- und Berufsforschung (IAB) und eine Reihe anderer Forschungsinstitute haben in den letzten Jahren Untersuchungen über die Qualifikationsnachfrage des Arbeitsmarktes angestellt - ein aktueller oder zukünftiger Facharbeitermangel ist danach nicht zu erwarten.

Besonders deutlich wird dies in einer Globalprognose, die das BIBB erstellt hat:
Bis 1990 werden laut dieser Untersuchung etwa vier Millionen ausgebildete junge Fachkräfte auf den Arbeitsmarkt drängen. Die Zahl der aus Altersgründen bis 1990 ausscheidenden Erwerbstätigen mit einer abgeschlossenen betrieblichen Ausbildung beziffern die Forscher mit ca. einer Million. Eine weitere Million von Fachkräften wird bis 1990 aus anderen Gründen die Erwerbstätigkeit aufgeben (z.B. Krankheit/Invalidität).

Unter dem Strich ergibt sich also nach dieser Rechnung, daß etwa doppelt so viele ausgebildete Fachkräfte bis 1990 zur Verfügung stehen, wie zur bloßen Deckung des Ersatzbedarfs aus heutiger Sicht benötigt werden (vgl. Alex, 1982).

Von einem drohenden Facharbeitermangel in den nächsten fünf bis zehn Jahren kann also nicht gesprochen werden.

Wenn nicht in der Zukunft, was ist dann von den aktuellen Behauptungen zu halten, in bestimmten Branchen wären schon jetzt qualifizierte Fachkräfte nicht zu bekommen?

Seit 1979 kommen die meisten Klagen über Mangel an Facharbeitern aus dem gewerblichen Bereich. In den Bauhaupt- und Baunebenberufen, in der Nahrungsmittelindustrie, Metallberufen im Handwerksbereich oder im Tischler- und Malerbereich wird z.T. auch gegenwärtig behauptet, es mangele an ausgebildeten Fachkräften.

Die statistischen Bilanzen der Lehrstellenentwicklung zeigen nun aber, daß gerade in den gewerblichen Berufen, in denen über Facharbeitermangel geklagt wird, erheblich mehr ausgebildet wird als Fachkräfte tätig sind (vgl. z.B. die letzten Berufsbildungsberichte der Bundesregierung).

1978 wurden beispielsweise in den Fertigungberufen (entspricht in etwa dem gewerblichen Bereich) 42% aller ausgebildeten männlichen Erwerbstätigen beschäftigt, aber 75% aller männlichen Jugendlichen wurden in diesen Berufen ausgebildet.

Eine 1979 vom BIBB und dem IAB gemeinsam vorgenommene Erhebung bei 30.000 Erwerbstätigen ergab zusätzlich, daß nur etwa jeder dritte Facharbeiter gegen Ende des Erwerbslebens noch als Facharbeiter beschäftigt war.
Etwa die Hälfte derer, die 1979 nicht mehr als Facharbeiter tätig waren, sind in die Dienstleistungsberufe abgewandert (Hofbauer, 1981).

Was diese Zahlen und eine Reihe anderer Untersuchungen klar verdeutlichen:

1. **In den Berufsbereichen, in denen über Facharbeitermangel geklagt wird, ist i.d.R. eine überproportional hohe Ausbildungsquote zu verzeichnen.**
2. **Der Facharbeitermangel ist also kein Produkt zu geringer Ausbildung, sondern eher ein Ergebnis eines zunehmenden Berufswechsels zugunsten des Dienstleitstungsbereichs.**
3. **Rationalisierung und schlechte Arbeitsbedingungen in bestimmten Branchen des gewerblichen Bereichs führen dazu, daß ausgebildete Fachkräfte in nicht erlernte Tätigkeiten überwechseln (müssen).**
4. **Der angebliche Facharbeitermangel ist bei Lichte besehen also ein Mangel an qualifizierten und attraktiven Arbeitsplätzen im gewerblichen Bereich.**

Welche Konsequenzen ergeben sich nun aus diesen Zahlen und Fakten?

Zunächst wird eines ganz deutlich: Die Behauptungen der Wirtschaft, mit dem zukünftigen Facharbeitermangel werde das Problem fehlender Ausbildungsplätze ins Gegenteil verkehrt, stellt die Situation auf den Kopf. Darauf zu vertrauen, daß sich die aktuelle Misere in den nächsten Jahren ganz von selbst löst, wäre fatal.

Gegenwärtig besteht die Gefahr, daß noch mehr Jugendliche mit dem Argument eines angeblichen Fachkräftemangels in Berufen ausgebildet werden, in denen sie später keine Beschäftigungschancen haben.

Wenn beispielsweise schon 1981 auf 100 offene Stellen bei Maurern und Betonbauern 205 Arbeitslose kamen, die Baubranche aber nach wie vor massiv um Lehrlinge wirbt, sind die Konsequenzen abzusehen.

Ausbildungsaktivitäten, die sich gezielt am "Facharbeitermangel" orientieren, verschärfen die Scherenentwicklung zwischen Ausbildungs- und Beschäftigungssystem.

Das Gerede vom sogenannten Facharbeitermangel zum berufsbildungspolitischen Ausgangspunkt neuer Reforminitiativen zu nehmen, würde die Berufsnot der Jugend höchstens verschieben.

Quantität statt Qualität: Nach der Ausbildung arbeitslos

Bei den Auseinandersetzungen um die Berufsausbildung ging es in den letzten Jahren hauptsächlich nur noch um die Frage, ob die Lehrstellen reichen oder nicht. Völlig untergegangen ist dabei die für die Berufsbildungsreform Anfang der siebziger Jahre maßgebliche Frage nach der Qualität der Ausbildung. Betrachtet man die Entwicklung der letzten Jahre etwas genauer, so zeigt sich, daß es zu qualitativen Versäumnissen gekommen ist, die in den nächsten Jahren aller Voraussicht nach zu erheblichen Problemen auf dem Arbeitsmarkt führen werden.

Das beginnt mit der nach wie vor hohen Konzentration der Auszubildenden in nur wenigen Berufen. In den zehn am stärksten besetzten Ausbildungsberufen werden 40% aller männlichen und 60% aller weiblichen Lehrlinge ausgebildet.

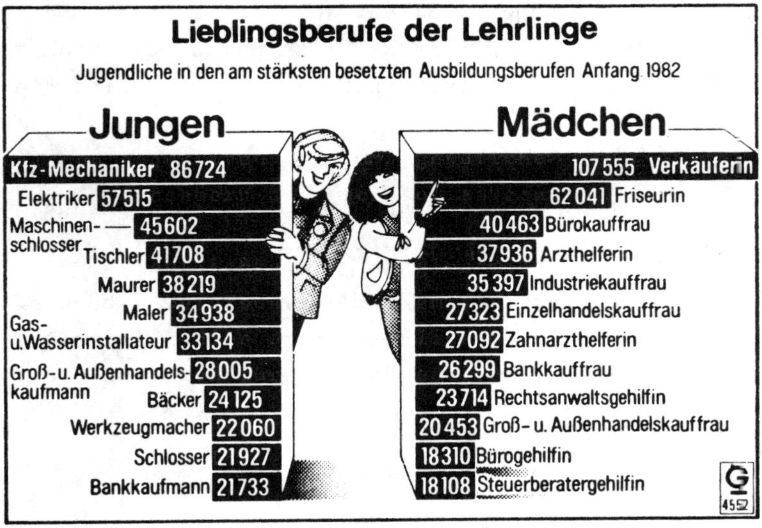

Eine Million Jungen und 600 000 Mädchen hatten 1982 eine Lehrstelle. Die Hälfte der Jungen und zwei Drittel der Mädchen hatten sich für je zwölf Berufe entschieden. Dabei stand jeweils ein Beruf mit großem Abstand an der Spitze: Kfz-Mechaniker mit 86 724 und Verkäuferin mit 107 555 Lehrlingen. Grafik: Globus

Quelle: Handelsblatt Nr. 35 vom 18/19.2.1983

Aus dieser Tatsache wird oft der Vorwurf abgeleitet, die Jungen und Mädchen drängten in bestimmte Modeberufe. Die Bundesanstalt für Arbeit hat dagegen in einer Untersuchung festgestellt, daß sich die Berufswünsche der Jugendlichen in hohem Maße am Angebot der Ausbildungsstellen orientieren. Die sogenannten Modeberufe sind also gerade die Berufe, die angeboten werden (vgl. Bundesanstalt für Arbeit, Mat AB 7/82).

Wie bedenklich die Entwicklung auf dem Lehrstellenmarkt unter qualitativen Gesichtspunkten ist, zeigt sich erst, wenn man untersucht, in welchen Berufen die Zahl der Lehrstellen in den letzten Jahren überdurchschnittlich zugenommen hat und wie sich die Beschäftigungschancen in den entsprechenden Berufen entwickelt haben.
Dazu ein paar Zahlen:

Tab. 2: Ausbildungsberufe mit überdurchschnittlichen Steigerungsraten 1980 gegenüber 1973 (1)

Ausbildungsberuf / -bereich	Steigerungsrate 1980 gegenüber 1973 in %
Verkäuferin im Nahrungsmittelhandwerk (Hw)	+ 214 %
Bäcker (Hw)	+ 182 %
Tischler (Hw)	+ 171 %
Maurer (Hw)	+ 106 %
Schlosser (Hw)	+ 103 %
Maler und Lackierer (Hw)	+ 79 %
Betriebsschlosser (IH)	+ 72 %
Gas- und Wasserinstallateur (Hw)	+ 64 %
Koch (IH)	+ 63 %
Friseur (Hw)	+ 58 %

(1) eigene Berechnungen auf der Grundlage der Zahlen des Berufsbildungsberichtes 1982; erfaßt sind nur die 25 am stärksten besetzten Ausbildungsberufe.

Diese Zahlen bedeuten, daß 1980 verglichen mit 1973 mehr als dreimal so viele Verkäuferinnen im Nahrungsmittelhandwerk, fast dreimal so viele Bäcker und Tischler und doppelt so viele Maurer und Schlosser in Ausbildung waren.

Weiterhin fällt auf, daß unter diesen zehn Berufen mit den höchsten Steigerungsraten acht aus dem Bereich der Handwerkskammer sind (Hw), d.h. vorwiegend in Klein- und Mittelbetrieben ausgebildet werden.

Dieser Trend setzte sich auch 1982 fort. Gegenüber 1981 waren die höchsten Steigerungsraten in folgenden Berufen zu verzeichnen:

Tab. 3: Ausbildungsberufe mit überdurchschnittlichen Steigerungsraten 1982 gegenüber 1981 (1)

Ausbildungsberuf / -bereich	Steigerungsrate 1982 gegenüber 1981 in %
Fleischer (Hw)	+ 30,6 %
Bäcker (Hw)	+ 25,9 %
Hotel- und Gaststättengewerbe (IH)	+ 20,4 %
Verkäuferin im Nahrungsmittelhandwerk (Hw)	+ 19,9 %
Verwaltungs- und Büroberufe im öffentlichen Dienst (öD)	+ 13,3 %
Koch (IH)	+ 12,6 %
Betriebsschlosser (IH)	+ 12,6 %
Friseur (Hw)	+ 11,2 %

(1) vgl. Berufsbildungsbericht 1983

Ein Vergleich der Struktur der Jugendarbeitslosigkeit und hier insbesondere die Aufschlüsselung der Daten arbeitsloser Jugendlicher mit abgeschlossener Berufsausbildung belegt nun aber ziemlich eindringlich, daß ein Großteil der Ausbildungsberufe mit hohen Steigerungsraten besonders schlechte Vermittlungschancen auf dem Arbeitsmarkt besitzen. So nimmt der prozentuale Anteil der arbeitslosen Jugendlichen mit abgeschlossener Berufsausbildung in den "Ernährungsberufen" oder bei den "Friseuren" zu; hier drängen jedoch in den nächsten fünf Jahren junge Facharbeiter und Facharbeiterinnen in bisher nicht gekannter Größenordnung auf den Arbeitsmarkt.

Ähnliches gilt für die Metallberufe. Eine Untersuchung des BIBB kommt zu dem Ergebnis, daß gerade in den Metallberufen, in denen die Beschäftigtenzahlen am stärksten zurückgegangen sind, die Zahl der Auszubildenden überproportional gestiegen ist (vgl. Clauß u.a. 1981, S. 5). Insbesondere gilt dies auch für die schlosserischen Berufe (ebd., S. 26 f).

Die Bundesanstalt für Arbeit hat in einer Veröffentlichung die Ausbildungsberufe mit den höchsten Bewerberzahlen für das Jahrzehnt 1970 - 1980 nach beschäftigungsrelevanten Merkmalen untersucht.
Von den zehn Ausbildungsberufen, die hauptsächlich für die Zunahme der Lehrstellen von 1973 bis 1980 verantwortlich sind (vgl. Tab. 2) führen allein sieben überdurchschnittlich oft zu Erwerbslosigkeit oder zur Dequalifikation als Hilfsarbeiter nach der Ausbildung (vgl. Bundesanstalt für Arbeit, Mat AB 7/82).
Bedenkt man, daß es sich dabei um Zahlen und Erhebungen aus den siebziger Jahren handelt und sich der Trend - wie Tab. 3 zeigt - auch in den achtziger Jahren ungebrochen fortsetzt, so wird das Ausmaß des Problems deutlich.
Auf der anderen Seite ist es ebenso besorgniserregend, daß unter den Ausbildungsberufen, die in der politischen und wissenschaftlichen Auseinandersetzung als relativ zukunftsträchtig gelten, weil sie eine breit verwertbare Grundausbildung und ein hohes Flexibilitätspotential in zukunftsorientierten Berufsbildern besitzen, unterdurchschnittliche Steigerungsraten bzw. sogar angebotsabnehmende Tendenzen deutlich werden.

Das gilt beispielsweise für Werkzeugmacher (Rückgang zwischen 1973 und 1980 um 12%), Radio- und Fernsehtechniker (unterdurchschnittlicher Anstieg von 8,8% zwischen 1976 und 1979), Technische Zeichner (unterdurchschnittlicher Anstieg von 10,6% zwischen 1976 und 1979) und Fachgehilfen in steuer- und wirtschaftsberatenden Berufen (unterdurchschnittlicher Anstieg von 6,2% zwischen 1976 und 1979).
All diesen Berufen wird in der erwähnten Veröffentlichung der Bundesanstalt für Arbeit bescheinigt, daß sie vergleichsweise selten zu Erwerbslosigkeit oder Wechsel in Hilfsarbeitertätigkeiten führen (vgl. Bundesanstalt für Arbeit, Mat AB 7/82).

Entwicklung von einigen Ausbildungsberufen

● **Werkzeugmacher**

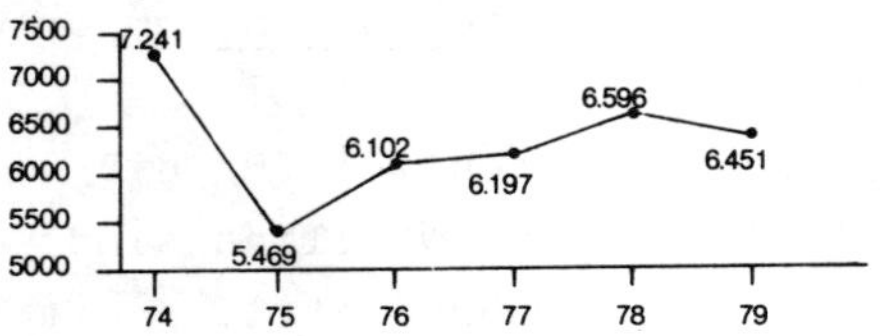

● **Kfz.-Mechaniker**

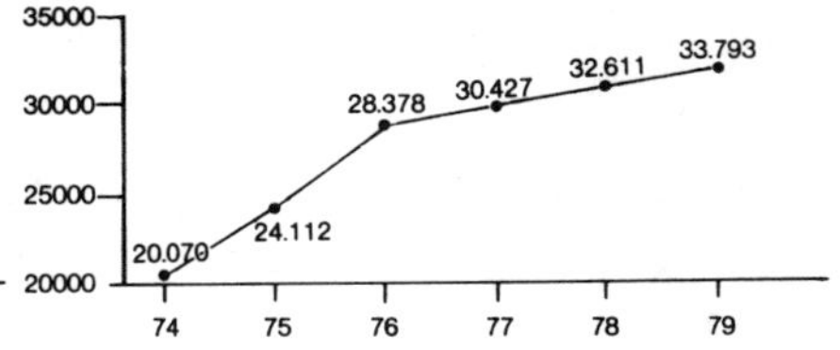

● **Elektroinstallateur (Handwerk)**

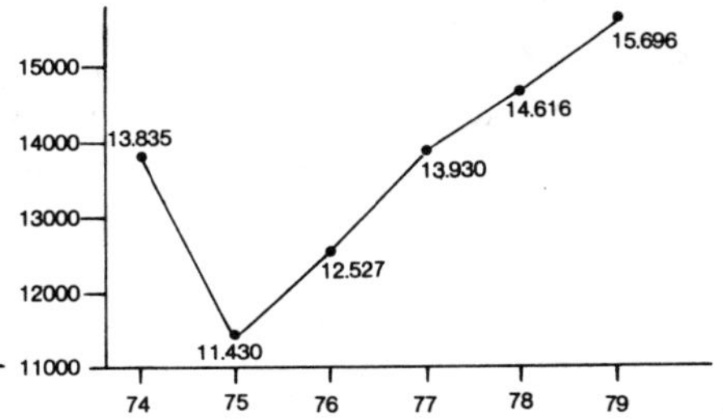

● **Elektroanlageninstallateur (Industrie)**

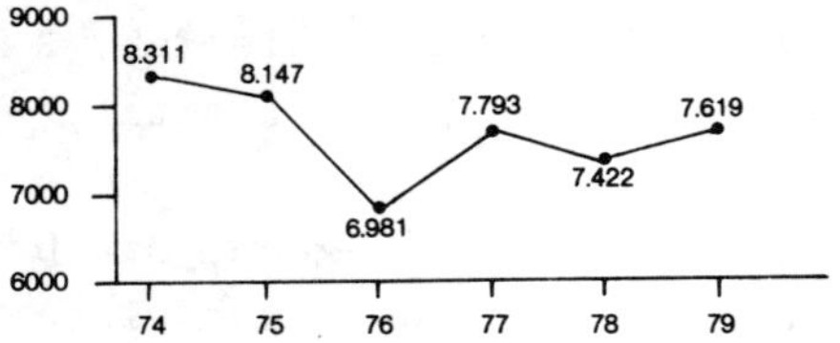

● **Schlosser (Handwerk)**

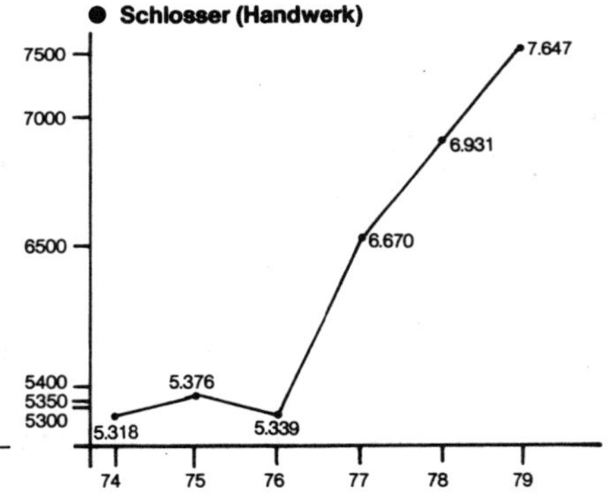

● **Maschinenschlosser**

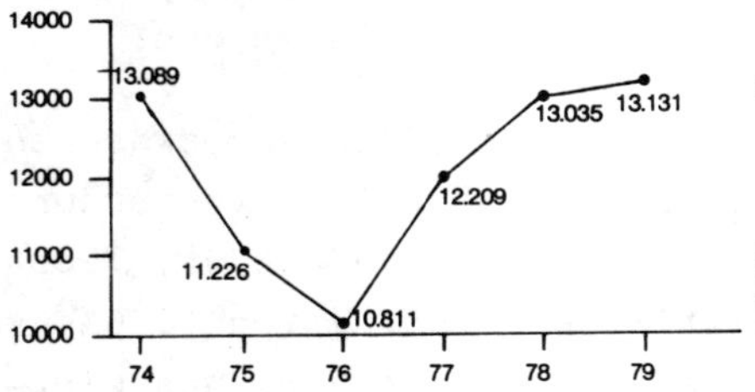

● **Bäcker**

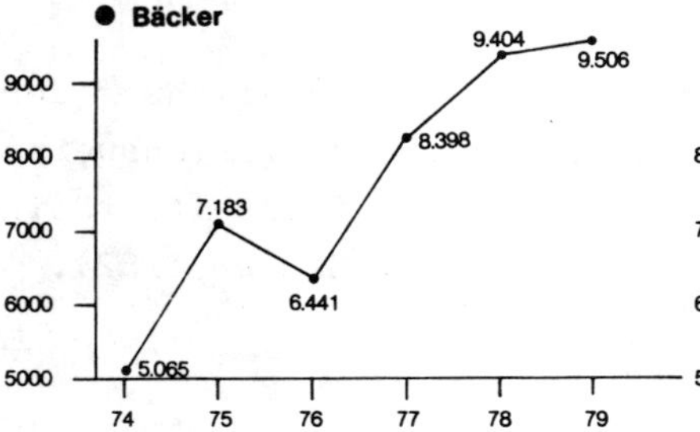

● **Fleischer**

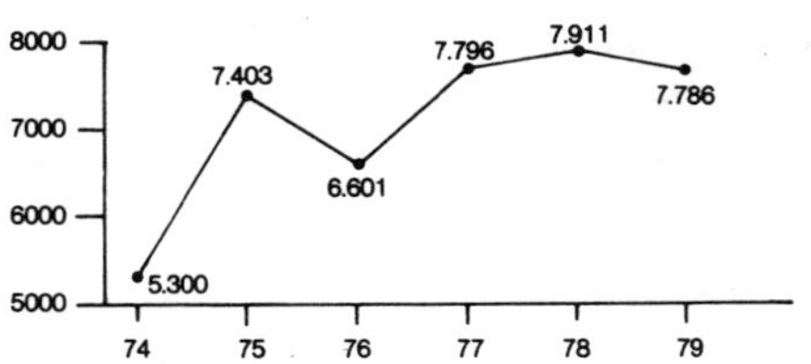

Aus: Solidarität 5/1980

Statt Jugendliche ohne Ausbildung und Arbeit Jugendliche mit Ausbildung und ohne Arbeit

Der starke Anstieg des Lehrstellenangebots in der zweiten Hälfte der siebziger Jahre ist also zu einem erheblichen Teil durch vermehrte Ausbildung im Handwerk zustandegekommen. Im Handwerk wurde schon immer tendenziell über den eigenen Bedarf an qualifiziertem Nachwuchs hinaus ausgebildet. Diese Tendenz hat sich verstärkt und zwar - wie wir gesehen haben - vor allem in solchen Berufen, in denen besonders schlechte Chancen für eine Anschlußbeschäftigung bestehen.

Es muß demzufolge davon ausgegangen werden, daß viele der sich heute in Ausbildung befindenden Jugendlichen nach Abschluß ihrer Lehrzeit nicht mit einer Übernahme in ein Arbeitsverhältnis rechnen können und sich somit das Problem der Jugendarbeitslosigkeit eher noch verschärft.

Die Entwicklung der Arbeitslosenstatistik bestätigt diese Vermutung. In einem Lagebericht wies die Bundesanstalt für Arbeit bereits Ende 1981 darauf hin, daß der Übergang von der Ausbildung in den Beruf schwieriger geworden sei. Im Herbst 1980 wurden 9.500 Jugendliche nach Beendigung ihrer Ausbildung arbeitslos. Im Herbst 1981 waren es bereits 20.800 und im darauffolgenden Jahr (Herbst 1982) schnellte diese Zahl auf 45.900 empor.

Eine Verfünffachung im Zeitraum von nur zwei Jahren!

Für viele Jugendliche hat eine solche Fehlausbildung Dequalifikation zum Hilfs- bzw. angelernten Arbeiter zur Folge.

Im Berufsbildungsbericht 1981 heißt es im Hinblick auf diese Gruppe:

"Überdurchschnittliche Anteile an Hilfs- bzw. angelernten Arbeitern finden sich vor allem bei Personen, die ihre Facharbeiterausbildung im Bergbau, im Textil- und Bekleidungsgewerbe, im Nahrungsmittel- sowie im Friseurhandwerk (bzw. in den entsprechenden Ausbildungsberufen) absolviert haben." (Berufsbildungsbericht 1981, S. 45)

Der hoffnungsvolle
Schritt ins Berufsleben
(aus pädextra-sozialarbeit 3/83

Zusammenfassend muß für die Entwicklung der Berufsausbildung befürchtet werden, daß individuell wie gesamtgesellschaftlich notwendige und im Berufsbildungsgesetz von 1969 festgeschriebene Ziele wie

- sich auf neue Arbeitsstrukturen, Produktionsmethoden und Technologien flexibel einstellen zu können,
- in unterschiedlichen Betrieben und Branchen den erlernten Beruf ausüben zu können,
- an Maßnahmen der Weiterbildung und Fortbildung teilnehmen zu können mit dem Ziel, die berufliche Qualifikation zu erhalten und auszubauen,

für einen Großteil der jetzigen Auszubildenden stark gefährdet erscheinen.

Stattdessen muß aufgrund der Scherenentwicklung zwischen Ausbildungs- und Beschäftigungssystem damit gerechnet werden, daß

- sich ein hoher Sockel von Arbeitslosigkeit bei ausgebildeten Jugendlichen etabliert (was z.T. schon der Fall ist, s.o.);
- sich der gegenwärtig bereits hohe Anteil beruflicher Absteiger (z.B. Nahrungsmittel- und Friseurhandwerk, s.o.) in Zukunft potenziert;
- immer mehr Jugendliche angesichts dieser Entwicklung vorzeitig resignieren und die Zahl der Abbrecher drastisch steigen wird (1981 lag die Abbrecherquote bei 5,8%. Die höchsten Abbruchquoten hatten Lebensmittelverkäufer, Kellner und Tankwarte zu verzeichnen. Vgl. Die Zeit, 14.01.1983);
- erhebliche individuelle und gesellschaftliche Probleme entstehen, die einen gesteigerten Bedarf an sozialpädagogischer Betreuung sowie an Umschulungsmaßnahmen nach sich ziehen werden.

Die wirklichen Ursachen von Jugendarbeitslosigkeit und Lehrstellenmangel

Jugendarbeitslosigkeit und Ausbildungsplatzmangel sind Teil eines gesamtgesellschaftlichen Beschäftigungsproblems.
Der Arbeitsmarkt ist nicht länger in der Lage, die durch das Zusammentreffen von Rationalisierung und allgemeiner, weltweiter Wirtschaftskrise freigesetzten Arbeitskräfte zu absorbieren. Die Folge sind derzeit über 2,5 Millionen Arbeitslose bei steigender Tendenz. Daß Jugendliche von dieser Entwicklung überproportional betroffen sind, hat mehrere Gründe.

Zunächst einmal sind die Beschäftigungschancen der Jugendlichen unter 18 Jahren durch die Berufsschulpflicht und die Bestimmungen des Jugendarbeitsschutzgesetzes eingeschränkt. Sie stehen dem Betrieb zeitweilig bzw. für bestimmte Tätigkeiten gar nicht zur Verfügung.
Umgekehrt genießen Jugendliche nicht den Kündigungsschutz ihrer älteren Kollegen. Im Krisenfall werden sie deshalb schneller entlassen, zumal sie durch ihren wesentlich geringeren gewerkschaftlichen Organisationsgrad auch weniger Widerstand leisten können.
Schließlich wird in vielen Betrieben Personalabbau nicht durch Kündigungen, sondern eher durch Einstellungsstop betrieben. Auch davon sind in erster Linie die nachrückenden Jugendlichen betroffen.
Der Abbau von Ausbildungsplätzen hängt dagegen in erster Linie mit einer in der Industrie zu beobachtenden rationalisierungsbedingten Verlagerung von arbeitsintensiven zu kapitalintensiven Arbeitsplätzen zusammen. Handarbeit wird durch immer komplexere und teurere Maschinen ersetzt. Das hat für die Berufsausbildung weitreichende Folgen: Einerseits wird durch vermehrte Arbeitsteilung und Standardisierung von Arbeitstätigkeiten der Qualifikationsbedarf und damit der Eigenbedarf an Facharbeiternachwuchs gesenkt. Andererseits bedeutet die hohe Kapitalausstattung von Arbeitsplätzen, daß Ausbildung nicht mehr durch "learning by doing", Imitation und Übung erfolgen kann. Die Gefahr von Pro-

Bildmontage: Klaus Staeck

duktionsstörungen, Beschädigung teurer Maschinensysteme oder Unfällen ist zu hoch. Ausbildung muß deshalb zunehmend in Lehrecken und Lehrwerkstätten verlagert werden.
Berufsausbildung wird damit für die Industrie zu einem erheblichen Kostenfaktor, den es unter betriebswirtschaftlichen Gesichtspunkten auf das notwendige Minimum zu reduzieren gilt. Facharbeiterausbildung beschränkt sich demzufolge immer mehr auf den zu erwartenden und durch Rationalisierung ständig sinkenden Eigenbedarf.
Dadurch werden auch die oft gehörten Argumente entkräftet, Jugendarbeitslosigkeit und Ausbildungsplatzmangel seien eine Folge der schlechten Konjunkturlage und der ungünstigen demographischen Entwicklung (Stichwort: geburtenstarke Jahrgänge). Auch das neue Jugendarbeitsschutzgesetz und die Berufsbildungsreform werden häufig dafür verantwortlich gemacht, daß viele Betriebe nicht mehr ausbilden könnten. All dies hat sicherlich eine Rolle gespielt und trägt zu der drastischen Verschlechterung der letzten Jahre bei.
Doch Kern des Problems ist der kontinuierliche, rationalisierungsbedingte Abbau qualifizierter Arbeits- und Ausbildungsplätze in weiten Bereichen von Industrie und Handel.

Ein Ende dieses konjunkturunabhängigen weil strukturell bedingten Prozesses ist nicht abzusehen. Vielmehr muß davon ausgegangen werden, daß durch das unaufhaltsame Vordringen der Mikroelektronik in allen Wirtschaftsbereichen noch viel mehr Arbeits- und Ausbildungskapazitäten vernichtet werden.
Wie der Staat auf diese tiefgreifende Krise des Berufsbildungssystems reagiert und ob die ergriffenen Maßnahmen den oben skizzierten Dimensionen des Problems gerecht werden und Abhilfe schaffen können, steht im Mittelpunkt unseres Buches.
Zunächst wollen wir jedoch aufzeigen, welche Jugendlichen von dieser Entwicklung besonders betroffen sind.

III Der Verdrängungswettbewerb: Wer auf der Strecke bleibt

Wenn Ausbildungs- und Arbeitsplätze für junge Menschen zur Mangelware werden, dann äußert sich dies zwangsläufig im Konkurrenzkampf der Lehrstellenbewerber untereinander.

Schon Zahlen lassen die Dramatik der Auslese erahnen:
Bei den Adam-Opel-Werken in Rüsselsheim bewerben sich 1.400 Jugendliche um 300 Lehrstellen, renommierte Großbetriebe (wie Siemens, Mercedes, IBM, Bosch) berichten, daß durchschnittlich 20 "geeignete" Bewerber um eine Lehrstelle konkurrieren.
Neben speziellen Eignungstests, Bewerbungsgesprächen und wieder verlangtem "gepflegtem Erscheinungsbild" sind die Schulabschlüsse der Jugendlichen zu einem zentralen Selektionskriterium geworden.

Nachdem noch vor wenigen Jahren Unternehmerverbände die Zunahme von Realschul- und Abiturabschlüssen kritisierten (Motto: Die besten Facharbeiter sind ehemalige Hauptschüler), werden Hauptschüler von den Unternehmen heute schon häufig im Vorfeld aus dem Rennen geworfen.
Abiturienten und Realschüler verdrängen die Hauptschüler und die Hauptschüler die Sonderschulabsolventen.

Dieser sogenannte "Verdrängungswettbewerb" läßt sich mittlerweile empirisch belegen: Jährlich beginnen rund 41.000 Abiturienten eine Berufsausbildung im dualen System (1982), innerhalb von vier Jahren ist ihre Zahl um 70% gestiegen. Im Rahmen der bildungspolitischen Wende von CDU/FDP sollen in Zukunft noch mehr Abiturienten von den (überfüllten) Hochschulen in den berufsbildenden Bereich "umgelenkt" werden. Das Bundesbildungsministerium fordert die Betriebe auf, eine "attraktive Berufsausbildung für die Abiturienten zu erschließen" (Bundesbildungsministerin Wilms, 1983). Betroffen werden davon in erster Linie die Realschüler, die seit einigen Jahren in den qualifizierteren Ausbildungsgängen dominieren.

Gute Tips für junge Leute:

Lehrstellensuche mit Erfolg

Was ist richtig? Was ist falsch? Schüler haben si

Richtig: Anette hat sich zum Vorstellungsgespräch einwandfrei angezogen. Sie wirkt korrekt und gepflegt. Darin waren sich alle Personalleiter und Lehrlingsausbilder einig, denen die NEUE REVUE die Fotos der „Schüler-Modenschau" zur Begutachtung zeigte

Elvira zeigt, wie's nicht sein soll. Trägt deshalb „Anstreicherhosen". Doch viele Ausbilder, wie Werner Vogt von coop, sehen mehr als nur die Oberfläche. Er sagt: „Der offene Blick. Die gerade Haltung. Also, mit dem Mädchen würde ich trotzdem sprechen." Das ist prima

Tatjana hat sich in ihren Feststaat geworfen. So förmlich muß es gar nicht zugehen. Personalchefs geben „Entwarnung": Keiner braucht sich extra zum Vorstellungsgespräch ein neues Kleid, einen neuen Anzug zu kaufen. Anziehen, als ginge es zum Beispiel zur Geburtstagsfeier vom Onkel

Die Kleidung soll den Berufswunsch zum Ausdruck bringen. Sagt „Lehrlingsvater" Siegfried Wernet von Peek + Cloppenburg: „Ir könnte sich so locker nicht für den Verkauf ode die Verwaltung bewerben. Wenn sie aber Dekorateurin werden will – nichts dagegen!"

So kann man das Problem auch sehen !
(aus Neue Revue 8/83)

zum Einstell ungs-Gespräch angezogen

ichtig! Der Personalchef ieht dem Jörg-Peter Jacke und Krawatte an, ie wichtig dem jungen Mann der Gesprächstermin st. Daß Jörg-Peter ie Bedeutung des Tages rkennt, an dem er ielleicht schon die ent-scheidende Weiche für len gesamten beruflichen ebensweg stellt

Am unpassendsten zog sich Stefan an. Käme er mit dem bunten Pop-gemälde auf der Brust zur Vorstellung, wären seine Chancen dahin. Die Ausbilder: Wer sich so stark von der Allgemein-heit abhebt, eckt im Beruf an. Da müssen alle zusammen-passen, ein Team bilden

Auch Michael liegt falsch mit den bunten Knöpfen an der Jeans-Jacke. Denn Fach-leute wie Siegfried Wernet schließen von der „äußeren Hülle" auf innere Werte: auf Pflichtgefühl, Ordnungssinn, Pünkt-lichkeit. Die „buttons" stehn dagegen

Zwar ist die Kleidung korrekt. Für Thomas aber trotzdem falsch. Ausbilder Vogt erläutert das: „Thomas trägt die Krawatte nicht alle Tage, nun fühlt er sich beengt. Wem es so geht, läßt den Schlips daheim. Nur wer nicht beengt, ist, leistet was!"

Die anspruchsvollen kaufmännischen und Technikerberufe sind heute fast vollständig mit Realschulabsolventen besetzt. Mit hohen Steigerungsraten werden auch die sogenannten Fertigungsberufe zu "Realschüler-Berufen" (z.B. Werkzeugmacher, Elektromechaniker, Fernmeldemechaniker). In traditionellen Berufsdomänen der Hauptschüler (z.B. Schlosser, Mechaniker) sind Realschüler mittlerweile auch mit einem Anteil bis z.T. über die Hälfte vertreten (vgl. Baethge, 1983).

Hauptschüler wiederum haben im kaufmännischen Bereich kaum noch Chancen (abgesehen vom zweijährigen Verkäuferberuf). Zunehmend müssen sie mit wenig zukunftsträchtigen Berufen wie Bäcker, Fleischer, Friseuse oder Bekleidungsnäherin vor allem in Handwerksbetrieben vorliebnehmen.

Auf der Strecke bleiben bei dieser Entwicklung die Sonderschulabsolventen, Hauptschüler ohne oder mit schlechtem Abschluß, potenziert nochmals die Mädchen und auch die ganze Gruppe der ausländischen Jugendlichen.

Sie sind, wie es offiziell heißt, die "Problemgruppen des Arbeitsmarktes" - ohne Chance auf eine qualifizierte Lehrstelle, umgeleitet in berufsvorbereitende Maßnahmen, Hilfs- und Anlerntätigkeiten oder zu einem großen Prozentsatz arbeitslos.

In diesem Abschnitt des Buches wollen wir an drei Einzelbeispielen verdeutlichen, welche konkreten Lebensgeschichten von Jugendlichen hinter dem Stigma "jugendliche Problemgruppen" stecken.

Vorab soll aber noch kurz festgehalten werden, welchen Sinn es macht, wenn in der Öffentlichkeit statt über die Ursachen von Lehrstellenmisere und Jugendarbeitslosigkeit vorwiegend über die sogenannten Problemgruppen diskutiert wird.

Wenn nach dem Sinn und der Funktion einer Stigmatisierung dieser Problemgruppen gefragt wird, dann lassen sich drei Sachverhalte festhalten:

1. Das strukturelle Gesamtproblem fehlender Ausbildungsplätze und das Anwachsen des Heeres arbeitsloser Jugendlicher wird von offiziellen Instanzen zuerst umdefiniert in ein Problem des einzelnen Jugendlichen, der zu einer speziellen "Problemgruppe" gezählt wird. Nicht mehr der defizitäre Ausbildungs- und Arbeitsmarkt, sondern seine Opfer werden somit zum gesellschaftlichen Problem gemacht.
2. Mit Hilfe schillernder Begriffe wie "Berufsunreife", "Lernbehinderung", "Verhaltensauffälligkeit", "Schulmüdigkeit" usw. werden die einzelnen Problemgruppen charakterisiert. So wird eine <u>individuelle Schuldzuweisung</u> betrieben.
3. Über individuelle Schuldzuweisung der Jugendarbeitslosigkeit senkt sich häufig das berufliche Anspruchsniveau der betroffenen Jugendlichen - wer einsieht, daß er "Defizite" hat, beharrt i.d.R. nicht mehr auf einem bestimmten Ausbildungswunsch oder Arbeitsplatz.

<u>Und du hast überhaupt keinen Halt ...: Manuel, Rosalie und Harun - die sogenannten Problemgruppen</u>

In Untersuchungen und öffentlichen Verlautbarungen werden zu den 'Problemgruppen des Ausbildungsmarktes' folgende Gruppen von Jugendlichen gezählt:

- Jugendliche, die nach Beendigung der allgemeinbildenden Schulpflicht einen schlechten oder keinen Hauptschulabschluß erhalten haben,
- Abgänger aus Schulen für Lernbehinderte (Sonderschule),
- junge Ausländer,
- sozial benachteiligte Jugendliche (z.B. Heimjugendliche, strafentlassene Jugendliche, Drogenabhängige usw.) (vgl. Bundesministerium für Bildung und Wissenschaft, 1982).

Zu all diesen Gruppen sind in den letzten Jahren mehr oder minder ausführliche quantitative Studien veröffentlicht worden: Prozentsätze, Trends und Tendenzen der vorberuflichen und beruflichen Diskriminierung suggerieren auf den ersten Blick, es handele sich dabei um eine klare, für berufsbildungspolitische Initiativen handhabbare Definition.

Wir bezweifeln hier nicht die Konzentration der Ausbildungsmisere auf die genannten Problemgruppen, im A n h a n g haben wir aus einem Gutachten der IG-Metall dazu nochmals zentrale Daten und Fakten zusammengetragen.

Dennoch: Prozentsätze, Trends und Tendenzen über die sogenannten Problemgruppen sind oft in erschreckend bürokratisierte Denk- und Handlungsweisen eingekleidet, hinter denen der konkrete Jugendliche mit seinen Alltagsproblemen verschwindet.
"Typische", "normale", "durchschnittlich verbreitete" Fakten führen sehr schnell zu administrativem Falldenken - die spezielle Lebenssituation, eigene Geschichte und Problematik eines Jugendlichen tritt dabei in den Hintergrund.

Aus diesen Gründen wollen wir nachfolgend keine empirischen Daten und Tendenzen über die sogenannten Problemgruppen auflisten (siehe M a t e r i a l a n h a n g), sondern Auszüge aus drei Interviews mit betroffenen Jugendlichen dokumentieren.

Ziel dieser Textauszüge ist es, wenigstens ansatzweise das individuelle Selbstverständnis der Jugendlichen, die Beschreibung ihrer Lebenssituation zwischen Schule und Beruf zu veranschaulichen.
Welche Fülle von sozialen und persönlichen Schwierigkeiten der Interviewten sich hinter den trockenen Daten wie Elternhaus, Geschlecht, Schulabschluß, Nationalität usw. verbirgt, wird in den Textauszügen eindrücklich dokumentiert. Die drei Jugendlichen

- Manuel, Schulversager und Sonderschulabsolvent

- Rosalie, Opfer familiärer und schulischer Verfolgung und
- Harun, der als 14jähriger aus der Türkei nach Deutschland kam

sind von Sylvia Kade im Rahmen eines von uns durchgeführten Forschungsprojekts interviewt worden (vgl. BMBW, 1983).

Alle drei Jugendlichen haben freiwillig und mit hohem Engagement ihre Lebensgeschichte erzählt. Mit Hilfe sogenannter offener Interviewtechnik hat sich die Interviewerin strikt als "Zuhörerin" verhalten, der Themenfocus und die Leitfragen der Interviews waren durch die Zielgruppendefinition "Benachteiligung" vorgegeben.
Die Interviewausschnitte sollen vor allem eine Antwort darauf geben

- wie es zu der Benachteiligung der Jugendlichen gekommen ist, welche objektiven Gründe und Einflüsse hierbei eine Rolle gespielt haben,
- wie die Jugendlichen ihre soziale Benachteiligung erleben, wie sie sie selbst definieren und bewältigen,
- welche Probleme der Lebensbewältigung genannt werden, speziell im Übergangsbereich Schule - Arbeitslosigkeit - Berufsausbildung.

Die Präsentation der Lebensgeschichte erfolgt sinngemäß, ist nicht immer sklavisch an der Abfolge der Erzählung orientiert. Alle Zitate sind in wörtlicher Form wiedergegeben, um der Anschaulichkeit und Authentizität der Erzählung gerecht zu werden.

Manuel: »Viele haben gesagt: Bist ein Dummenschüler, Sonderschüler«

Manuel S. (17) interessiert die Frage nach der Kindheit

nicht, er ist groß geworden, "wie man halt aufwächst." Er kommt ohne Vorrede zur Sache, zu dem, was ihn bis heute bedrückt:

"Erst war ich im Kindergadde gewese, dann in de Vorschul. Erst als ich in die Schul gekomme bin, des erste Jahr war ja beschisse, auf gut Deutsch gesacht: Fünfer und Sechser in Mathe, da hat's ja schon angefange! Dann bin ich in die Zwote gekomme, da hat's auch nich anners ausgesehe, Fünfer und Sechser."

Er stößt die Sätze hervor, oft nur als Wortfetzen, spricht in einem enormen Tempo, als seien die Hunde ihm auf den Fersen. Seine Schul- und Lernzeit wird zu einer einzigen Kette von Mißerfolgen, die unaufhaltsam und von außen diktiert erscheinen, und sich auch dann fortsetzen, wenn Manuel sich bemüht:

"Ich wollt ja in die Schul. So, und da hat's geheißen, Sonderschul. Mußt ich dann rübber, ab em dritte Schuljahr war ich dann drübbe. Ab em sechste Schuljahr, da hab ich mich ziemlich gut gebessert, da war ich aaner der Besten, überhaupt von de ganze Schul. Dann bin ich noch mal in die Hauptschul gekomme. Es hat erst geheißen, en halbes Jahr Probejahr, daß ich da auch gleich drinnebleib. Des war auch en ganz annere Stoff und da bin ich widder abgefalle. Und da hat's geheißen, noch en halbes Jahr drauf und dann bin ich widder rübbergekomme (in die Sonderschule). Und dann hab ich erst noch des Schuljahr fettich gemacht bis zum Neunten. Und dann hat's geheißen: "Bevor Du ne Lehre anfängst, dann tuste erst ne Berufsvorbereitung mache." Und dann bin ich hierhergekomme (IB) und hab's gemacht und hab's auch geschafft."

Schon jetzt kündigt Manuel an, daß er wider die Willkürerfahrung ("Und da hat's geheiße") mit der Schule zugleich auch die Erfahrung gemacht hat, selbst etwas ändern zu können. Nicht nur, daß er plötzlich in der Sonderschule "einer der Besten" war, sondern auch die Berufsvorbereitung einschließlich Hauptschulabschluß hat er erfolgreich abgeschlossen.

Was aber hat Manuels Schulversagen hervorgerufen? Was sind seine eigenen lebensgeschichtlichen Erklärungsversuche? Wer trägt seiner Meinung nach die Verantwortung? Die Eltern, die Lehrer, die Sonderschule?

Zu den Eltern hat Manuel in seiner Sicht ein ungestört gutes Verhältnis gehabt. Sie haben sich stets um seine Zukunft bemüht, auch bei den Hausaufgaben geholfen. Manuel rechtfertigt seine Eltern und hat die Verantwortung an seinem Schulversagen allein auf sich genommen:

"Geholfe ham se mir schon, abber des hat nix geholfe bei mir, des is nix worn."

Seine Mutter zeigt Verständnis für Manuel, noch heute findet er bei ihr Unterstützung und Widerhall. Sie hat ihre Kindheit im Heim zugebracht, nachdem die Mutter Kriegerwitwe wurde:

"Ich weiß net, was se gelernt hat. Die is ja en Heimkind, meine Mutter. Damals im Krieg war des. Meine Oma, die hat sich net mehr um meine Mutter gekümmert, und dann ab ins Heim."

Die stärkste Beziehung hat Manuel aber zum Vater, den er bewundert, mit dem er sich identifiziert hat und dem er bis heute ohne Widerworte folgt:

"Ich versteh auch ziemlich viel von Motoren und so. Weil mein Vadder selbst Maschinenschlosser ist. Der hat e Ausbildung gemacht, Maschinenschlosser. Und der hat auch ziemlich alle Schlosser durchgemacht. Von dem hab ich viel gelernt. Der bringt mir viel bei."

Manuel kann sich nicht vorstellen, jemals ohne Eltern leben zu müssen. Weil er sich von ihnen abhängig fühlt, gibt er keine Widerworte. Er kann es sich nicht leisten, die Zustimmung der Eltern zu verlieren, weil die Welt draußen für ihn noch bedrohlicher ist:

"Ich häng auch ziemlich an meinen Eltern. Aber ich kann mir gar net vorstellen, daß ich mal von hier weg muß. Abber irgendwann muß mer ja weg."

Es gab jedoch auch einmal eine andere Zeit. Damals schien die Familienharmonie durch Manuel gestört, indem er immer "gleich aus der Haut gefahren ist" und die Familie sich durch seine Wutanfälle irritiert fühlte. Damals war Manuel der "Sündenbock" der Familie. Warum das so war, weiß er nicht:

"Früher hab ich viel Krach gehabt. Entweder hat mich meine Mutter angeplärrt, wegen der Hausaufgabe. Die wollt ich nich mache, weil ich ziemlich aggressiv war, damals. Brutal auf Deutsch gesacht. Wenn einer was gesacht hat, hab ich gleich zugehaun. Wenn einer mich schief angeguckt hat, hab ich gesacht, er soll's Maul halten. Ich weiß auch net. Auch zuhause."

Die zweite Station seiner Leidensgeschichte führt ihn zum Nervenarzt. Es ist die gleiche Zeit, in der Manuel in die Sonderschule kommt. Seine Eltern sind mit ihm zum Psychiater gegangen, vermutlich um untersuchen zu lassen, ob sie ein geistig behindertes Kind haben. Manuel wird zum Experimentalobjekt seiner Umgebung. Erst nach der zweiten Untersuchung löst sich für ihn die Spannung, nachdem ihm bestätigt wird, daß er nicht "plem-plem" ist, sondern nur "nervös". Warum er "nervös" ist, kann er bis heute nicht verstehen, aber er hat es als Erklärung akzeptiert:

"Da war ich ja beim Psychiater, des heißt net, daß ich plem-plem bin, nervlich war des alles. Und da hat's geheißen, ich hab irgendwie ne Quetschung an der Stirnwand, von der Geburt an. Da hab ich erstmal zehn Spritzen gekriegt, bis ich zusammengeklappt bin. Jetzt halt ich Spritzen aus. Und nach diesem hat sich irgendwas verännert. Dann bin ich geröntcht worden und da hat's geheißen, ich hab nichts, keine Quetschung, ich bin völlig normal. Die ham mich geröntcht, von allen Seiten, nix, ich bin völlig gesund! Ich hab auch nichts, höchstens nervlich war das!"

Bevorzugt wurde nach Manuels Meinung niemand in der Familie, auch nicht seine um drei Jahre jüngere Schwester. Und nur nebenbei erwähnt er, daß "die Jungen in der Familie ein bißchen fest angepackt werden". Weil er das vermutlich nicht wahrhaben will, kann er sich auch nicht erklären, warum seine Schwester weit bessere Leistungen in der Schule zeigt, außer, daß er ihr bei den Hausaufgaben geholfen hat:

"Die is auf de Realschul. Die is besser, 100% besser in de Schul. Aber die is astrein in de Schul. Ich helf mei Schwester auch. Da sind mei Mudder und mei Vadder auch froh, wenn ich des noch weiß."

Daß die Eltern nicht allzuviel von Manuels Leistungen halten, geht aus dem Zusatz hervor: "Weil meistens geht es da rein und da raus." Die Mißachtung seiner Leistungen geht auch aus einer anderen Erzählstelle hervor, wo Manuel sein Bemühen deutlich macht, zu Hause hilfreich zu sein:

"Und ich mach mal selbst die Heizung bei uns daheim. Mei Vadder hat gesacht: "Du schaffst des doch net, im ersten, zweiten Lehrjahr." Und ich hab gesacht: "Laß uns des doch mal ausprobieren. Und es hat geklappt."

Stets ist Manuel zu Hause bemüht immer hilfsbereit und nicht aufsässig zu sein:

"Ich sach auch net viel bei meinen Eltern, ich sach auch kaa Widderworte. Außer wenn ich mal Unrecht gemacht hab, und irgendwas falsch gesacht krieg, dagegen tu ich mich gleich wehrn. Seit vier oder fünf Jahrn is des net mehr so, ich fahr net aus de Haut. Früher bin ich gleich explodiert, ruck-zuck, da war alles aus."

Heute also schluckt er alles an Vorwürfen herunter, was von den Eltern kommt und nimmt es hin. Er hat akzeptiert, daß die Eltern ihm helfen wollen, aber ihm früher nicht zu helfen war.

Daß die Wut aber nur mühsam unterdrückt wird und Manuel sich beherrschen gelernt hat, daß er andererseits bis heute keine andere Form der Konfrontation im Konflikt gelernt hat, wird aus der Erzählung deutlich, in der er den engen Familienzusammenhalt nachweisen will:

"Ich beschütz auch mei Schwester. Mit Jungs willse überhaupt nichts zu tun habbe. Wenn mal was is, wie's letzte Mal, gleich hingegangen, und hab die Spitz in de Bode gerammt. Des kann ich net leide, wenn einer an mei Schwester rumtastet. Wenn se gerade in de Entwicklung is, da mal hingreife und da. Da rast ich aus. Erst hat se ihm eine geknallt. Und da bin ich zufällig vorbei und hab ihm eine poliert. Wenns drauf ankommt, dann halten wir zusammen."

Und dennoch betont Manuel immer wieder, daß er heute ein ganz anderer Mensch geworden sei:

"Heut halt ich mich immer zurück. Ham auch viele gesagt, ich wär irgendwie anners geworden."

Nur dann, wenn er auf seine Leidensgeschichte in der Sonderschule zu sprechen kommt, verliert er jede Zurückhaltung und drückt die enorme Wut aus, die in ihm bis heute weiterlebt.

Manuel vermag aber kaum das Leiden zu formulieren, das ihm angetan wurde, nicht zu sagen, wie er gelitten hat. Das einzige Gefühl, das an der Oberfläche noch wirksam ist, ist nicht die Kränkung, sondern die Reaktion hierauf: die Wut. In seiner Ohnmacht konnte er stets nur in direktem körperlichem Agieren seine Wut abreagieren:

"Viele ham gesacht: "Bist'n Dummenschüler, Sonderschüler, bist ja so dumm, kannst net mal des "Ein-mal-Eins"." Und so: "Du bist so dumm." Und da hab ich einen zusammengeschlache, der is ins Krankenhaus gekomme, und da kam die Frau und hat gesacht: "Ja, Du hast meinen Sohn zusammengeschlache." Und da hab ich gesacht: "Sonderschüler, sowas

laß ich mir net sache."
Und da hat die Frau auf einmal auch angefange: "Du bist doch einer." Und da hab ich gesacht: "Passen'se auf, daß ich Ihnen nicht auch noch in die Fresse hau." Also zu den Sonderschülern sind sie brutal. Die werden wie die letzten Arschlöcher hingestellt."

Manuels Wutausbrüche sind eine ReAKTION auf den Druck von außen; sie sind aber auch eine Reaktion auf den Druck von innen, wenn er sich durch Leistungsanforderungen überfordert fühlt:

"Ich weiß auch nicht. Wenn mir irgendwas nicht gelingt, des probier ich vier oder fünfmal hinnernanner. Entweder fahr ich dann aus de Haut oder frach mein Vadder, des is jetzt schon nich mehr so."

Der Sonderschule kommt in Manuels Sicht keine Verantwortung für seine Leidensgeschichte zu. Im Gegenteil, diese hat er als Schutzort gegenüber einer feindlichen Außenwelt erlebt. Hier auch hat er Solidarität unter den Leidensgenossen kennengelernt:

"Untereinander schlägt sich keiner. Es gibt mal Remi-Demi. Aber sonst halten se zusammen. Da sind auch welche hingekomme, die hatten was aufm Kasten. Die sind auch besser als die Realschüler. Bei uns einer, der hat in Mathe jedesmal ne Eins gehabt. Der is nur rübbergekomme, weil er die Lehrer verhaun hat. Des hab ich früher auch, hab Tische umgeworfe und so. Das is abber glaub ich vorüber, daß ich so brutal war ... Und ne Sonderschule is schon gut, wenn's eine gibt. Das is ja derselbe Stoff, wie inne Hauptschul. Nur geht's halt langsamer voran. Und in de Hauptschul wird's einfach durchgezoche und wenn einer net mitkommt, hat er halt Pech gehabt. Und des ganze, des Erklären und de Nachhilfeunterricht. Und dafür is des schon gut. Und auch für die Ausländer, die net mitkomme. An den Lehrern kann mer net viel ännere, die sind in Ordnung, mit dene kann mer rede, wenn mer Probleme hat."

Manuel hat nicht an der Sonderschule sondern an der Reaktion hierauf gelitten. Er gibt aber noch einen anderen Grund für sein Schulversagen an als die unkontrollierbaren Wutausbrüche.

Nicht die Gesellschaft, nicht die Eltern oder die Lehrer sind schuld an seinem Versagen: Er war ganz einfach zu "faul":

"Ich war faul, das war nur die Faulheit bei mir, also des is jetzt so gut wie weg bei mir."

Er nennt auch gleich das Motiv seiner Faulheit. Manuel hatte nämlich seit seinem Schulversagen etwas Besseres gefunden, als sich nur "Fünfer und Sechser" einzuhandeln, sich verspotten und verhöhnen zu lassen. Er hatte in seiner Freizeit Beschäftigungen gefunden, die ihm Spaß machten, weil er hierbei nicht versagte, sondern erfolgreich war. Daß die Faulheit ebenso wie die Wut bereits eine Reaktion auf seine Vorgeschichte des Versagens ist, darauf kann er nicht kommen. Bereits als Achtjähriger, nachdem er in die Sonderschule gekommen war, spielt er im Verein Fußball, als Zwölfjähriger geht er zur freiwilligen Feuerwehr und mit dreizehn Jahren beginnt er Schlagzeug zu spielen:

"Ich war früher immer so weg. Heimgekomme, gegesse, Hausaufgabe gemacht, weg ... Also im Verein war ich, Fußball. Also und da war ich so ziemlich überall, bei de Feuerwehr, des hat mich mal gereizt. Da war ich drei Jahre drinne. Da ham wer auch Wettkämpfe gemacht. Da hammer auch gewonne gehabt, zweiter, dritter Platz. Dann hab ich kaa Lust mehr gehabt und da bin ich widder raus. Und hab widder was gefunne, was mir Spaß macht. Schlagzeugspiele. Und da bin ich noch drinne, vier Jahr fast, und da bleib ich auch drin."

An Freunden hat es ihm trotz seines Status als "Sonderschüler" und "Dummenschüler" nie gemangelt. Die hat er nicht in der Schule sondern außerhalb gesucht:

"Ich hab ja Freunde ziemlich viel, und des war so, daß ich da noch mehr Freunde kennenlern. Die sind auch alle ziemlich in Ordnung. Mit denen versteh ich mich auch. Ich spiel auch im Fanfarenzug. Ach, das war so viel Zeusch, Prunksitzungen und Umzüge. Und wir sind auch gut angekommen bei denen. Da spiel ich jeden Dienstag, Donnerstag. Bis letztes Jahr, da hab ich gesacht: "Jetzt is Schluß, da sind Neulinge dabei und die könne nix. Und da bin isch raus. Bis se mich angerufe habbe, die brauche mich, ich sollt doch widder komme. Un da mach ich widder voll mit, weil ich so ziemlich der Beste bin da drinne."

Hier weiß er, was er kann, und weiß auch, daß er von seinen Freunden angenommen worden ist, obwohl er Sonderschüler ist:

"Das wußten die, viele sogar. Und das sind welche, auf die bin ich heute noch stolz. Die ham gesacht: "Des is en Freund, teilen uns alles, wenn's geht." Sind meistens auch zusammen weg. Und ham gesacht: "Mach Dir nichts draus."

Manuel hatte damals eine Lösung gefunden, indem er zwischen seinem hoffnungslosen Sonderschuldasein und seiner Freizeit einen Schnitt machte. Manuel macht aber noch einen weiteren

Schnitt in seiner Erzählung, indem er scharf zwischen "Früher" und "Heute" unterscheidet. Der nachgeholte Hauptschulabschluß wird zum Wendepunkt seiner Erzählung. Es ist der Versuch, seine Doppelexistenz aufzulösen. Jetzt will er auch in der Schule erfolgreich sein:

"Ich hab zu mei Mudder gesacht: "Wenn ich des jetzt net schaff, dann bin ich fettich. Hab überhaupt net geübt, hab nit mal ins Heft neigeguckt."

Zwar macht er in der Hauptschulabschluß-Prüfung eine Fünf in Mathe, über die er weint, aber er schafft es schließlich doch. Er beginnt Zutrauen in sich selbst und in die Änderbarkeit seiner Situation zu gewinnen. Ein Freund von ihm wird zu seinem Vorbild:

"Ich kenn so jemand, der hat Sonderschule, Hauptschulabschluß gemacht, und Gesellepürfung und hat's geschafft. Und hat jetzt noch en Auto und en Motorrad. Das muß sich einer mal überlegen! Und soweit wie er's gebracht hat, soweit möcht ich des auch noch schaffe. Des kann sich ännern. Auf einmal is bei dem de Grosche gefalle, und dann kommt alles ruck-zuck."

Ermutigt durch den Erfolg, beginnt Manuel den Sinn einzusehen, für sich zu arbeiten:

"Was ich schaff, des hängt von mir ab. Da muß ich mich hinsetzen und üben."

Manuel hat Glück: Nach der berufsvorbereitenden Maßnahme vermittelt ein Sozialarbeiter ihm eine Schlosser-Lehrstelle beim Internationalen Bund für Sozialarbeit. Mit besonderer Lernunterstützung in der Ausbildung kann er einen Beruf erlernen.

In Hinblick auf die Zukunft ist er vorsichtig optimistisch:

"Der Meister hat gesacht, ich könnt's schaffe. Also was ich jetzt in den paar Woche gelernt hab, is en Unding. Die sind auch hilfsbereit."

Trotz seiner positiven Zukunftserwartungen holt ihn am Ende des Gesprächs doch noch einmal die Vergangenheit ein, indem er Bilanz zieht. Der ganze Widerspruch seiner Leidensgeschichte wird offenbar. Ab und zu trauert er im Rückblick der vergangenen Schulzeit nach als einer verpaßten Chance:

"Manchmal möcht ich auch widder sibbe oder acht Jahr alt sein. Da denk ich mir immer abends im Bett, des wär noch mal schön, wenn ich sibbe Jahr wär, da könnt ich vielleicht alle Fehler, die ich gemacht hab, noch mal besser machen. Jetzt ist's zu spät. Fettich! Schule ist die schönste Zeit. 50, 60 Jahrn arbeiten, des kann ich mer überhaupt net vorstellen. Mir kommt des schon ne Ewigkeit vor. Dacht ich schon, daß ich sechs Jahrn arbeit. Dabei bin ich im zweiten Lehrjahr. Früher bin ich von de Schul heimkomme, Esse, Hausaufgabe, abgehaue. Jetzt kommt mer spät heim, ist schon sechs, sieben, acht Uhr rum. Eß ich, wasch ich mich richtig und geh weg. Dann bin ich um halb zehn daheim und geh ins Bett. Und das is jeden Tag dasselbe."

Das ist die Bilanz eines Siebzehnjährigen, dessen Leben in der Grundstruktur festgeschrieben ist. Hatte er tatsächlich die Wahl, es anders zu machen?

Rosalie: »Ich hab immer ziemlich abseits gestanden«

Rosalie (18) ist ein Kind vom Lande, das Zöpfe trägt, bis sie 14 ist, und ein bißchen pummelig ist. Bereits mit dem ersten Satz thematisiert sie die "Freiheit", die sie auf dem Land in ihrer Kindheit erfahren und bis heute nicht vergessen hat:

"Also, da ham meine Eltern bei meiner Oma gewohnt, die hat ein riesengroßes Grundstück gehabt, also da bin ich relativ frei aufgewachsen."

Die Mutter hingegen hat das Land anders erfahren, wurde stets als billige Arbeitskraft von der eigenen Mutter herangezogen, hat auch nichts lernen dürfen, weil sie von der Mutter auf dem Hof gebraucht wurde. Sie wohnt noch dort, als sie längst verheiratet ist:

"Sie wollt ja eigentlich was lernen, aber da war'n die Eltern dagegen, und die mußte daheim auch unwahrscheinlich viel helfen. Und dann hat'se gearbeitet, ungelernt im Opel. Hat dann geheiratet und der Oma mitgeholfen im Haushalt."

Noch heute wird die Mutter von der Oma "schikaniert", ohne daß sie sich widersetzen könnte; die Oma führt bis heute das Regiment:

"Meine Oma ist eigentlich ein ziemlich harter Kern, die nutzt meine Mutter auch ziemlich aus, und sie hat viel dran zu fressen. Die kriegt ja auch alles von meiner Mutter gemacht, die wäscht ihr und bügelt ihr die Sachen. Und die Mutter verbringt ja die meiste Zeit bei meiner Oma. Meine Oma, die nutzt meine Mutter ganz schön aus. Aber wenn se sich versucht davon zu lösen, und sagt, ich komm net mehr so viel, dann kann man sicher sein, daß meine Oma am nächsten Tag oben bei meiner Mutter is, und des hält meine Mutter eigentlich von dem ab, was se eigentlich vor hat. Ich bin da eigentlich en ganz anderer Typ."

Die Mutter hat infolgedessen bei der Erziehung von Rosalie vor allem im Sinn, daß diese es einmal besser haben soll:

"Die hat selbst keine Ausbildung gehabt, und die wird ganz schön rumschikaniert. Und die hat gesacht, des möcht se mir eigentlich ersparen."

Die Familie wird bis heute von dem Regiment der Oma bestimmt, gegen das der Vater auch nicht ankann, weil er die meiste Zeit außer Haus ist, und zugleich zu gutmütig ist, um sich bei den Frauen durchzusetzen. In dem "Frauenhaus" bleibt der Vater ein "Fremdkörper", woran Rosalie sehr gelitten hat:

"Und mein Vater, der war ja die ganze Woche auf Montage. Und wenn der übers Wochenende kam, war des eigentlich kein richtiges Familienleben, denn der kam freitags heim, und bis man sich wieder aneinander gewöhnt hat, isser schon wieder fort. Also ich hab von dem eigentlich nicht viel gehabt. Und ich hatte es unwahrscheinlich schwer, zu meinem Vater Kontakt zu finden, des hat lange gebraucht. Also ich wußte net, wie gehste auf den zu, wie redeste mit dem. Der konnt mich aber net schlagen, kaum hat er die Hand gehoben, da war se auch schon wieder runter."

Demgegenüber ist der Mutter sehr viel leichter einmal die Hand ausgerutscht, was Rosalie ihr aber nicht verübelt hat. Schläge hat sie als Mittel akzeptiert, wenn sie sich selbst für "schuldig" hielt:

"So von meiner Mutter hab ich öfter mal en Abzug bekommen, abber des hat net geschadet. Ich hab'se aber auch nur bekommen, wenn ich genau wußte, wofür. Also so ungerechtfertigt geschlagen worden bin ich eigentlich nie. Also wenn ich z.B. zu spät nach Hause gekommen bin, weil wir ja auch auf dem Land gewohnt haben, da war meine Mutter unheimlich besorgt. Im Winter, da hat'se gesagt, da sollt ich spätestens um 6.00 zu Hause sein. Und einmal da bin ich erst um 8.00 heimgekommen, und da hat se sich unwahrscheinlich aufgeregt, und da hab ich auch meinen Abzug bekommen."

Die "Freiheit" der Kindheit endet für Rosalie erst in dem Moment, als sie in die Schule kommt. Die Außenwelt erfährt sie von Anfang an als feindlichen und schikanösen Eingriff in ihre Persönlichkeit:

"Und da ham eigentlich meine Schwierigkeiten angefangen, wo ich eingeschult worden bin ... Und meine Schwierigkeit war,

ich hab links geschrieben. Und da ham mehr ne Lehrerin gekriegt, und die hat des kollossal gestört, und die hat gesagt, des ging net und ich müßt umgeschult werden. Und da bin ich auf rechts umgeschult worden, und da ham eigentlich meine Schwierigkeiten angefangen, ich bin dann eigentlich nicht mehr so richtig mitgekommen ... Also ich mußte meine linke Hand untern Tisch legen und durfte nur rechts schreiben, also des war furchtbar, des is grausam gewesen. Und ich hab viel geweint in der Zeit."

Rosalie erfährt die "Umschulung" als traumatischen Wendepunkt in ihrem Leben, und sie haßt heute noch nichts so sehr, wie den "Blick über die Schulter", der ihr "Handeln" kontrolliert.

Die Mutter kämpft nun, im Bündnis mit der Tochter, aber vergeblich, gegen die feindliche Außenwelt an, indem sie sich stets zwischen die anderen und Rosalie stellt, sobald sie glaubt, daß dieser ein Unrecht widerfährt. Sie möchte der Tochter Schikanen ersparen, ohne ihr aber wirklich helfen zu können, selbst hiermit fertig zu werden:

"Meine Mutter hat gesagt, daß des net geht, und hat sich an den Rektor gewendet, und der hat gesagt, er würd' mit der Lehrerin reden. Abber des hat im Endeffekt nichts gebracht, und die hat einen weiter drangsaliert."

Als Rosalie infolge der "Linkshändigkeit" in der Schule versagt, soll sie bereits in der zweiten Grundschulklasse in die Sonderschule "abgeschoben" werden. Wiederum versucht die Mutter dies ergebnislos zu verhindern, indem sie sich und der Welt zu beweisen versucht, daß ihr Kind "geistig normal" ist. Rosalie muß der Mutter, die für sie kämpft, einfach dankbar sein, auch wenn sie nun zum Kampfobjekt zwischen der Mutter und der Außenwelt wird:

"Meine Mutter hat nie einen Druck auf mich ausgeübt, die hat viel für mich getan."

Rosalie durchläuft nun eine Leidensstation nach der anderen, in welchen sie vor den Augen der anderen beweisen soll, was sie nicht kann:

"Und dann kam die Zeit, da sind wir hier eingemeindet worden zu Rüsselsheim, und dann gab's ja auch die Sonderschule, wo man Kinder abschieben konnte, wo net so mitgekommen sind. Und dann ham se mich hier abgeschoben in der zweiten Klasse, und da hat meine Mutter gesagt, des sieht se net ein, sie geht dagegen an. Isse erst mal zum Rektor, und der hat gesagt, er kann nichts machen. Und da hab ich so nen beschissenen Test gemacht zum Übergang in die Sonderschul'. Da gab's so große Holzpuzzel, und die mußt ich zusammenbau, und dann wurde die Zeit gestoppt, wie lang ich dafür brauch'. Und Rechtschreiben mußte ich machen und Rechnen, und so mündlich vortragen. Und da hat der Prüfer, des war auch en Rektor von der Sonderschule, und der hat gemeint: "Ja, man würd halt merken, daß ich ein Arbeiterkind wär', innerhalb von einer Stunde würde ich vom Hochdeutsch ins Platte übergehn, in die Arbeitersprache." Und da hat meine Mutter gesagt, die läßt sich des net gefallen, und hat mit mir so en Test gemacht, son psychologischen Test in Mainz an der Uni. Und die ham gesagt, daß ich einwandfrei normal bin, daß ich halt nur Schwierigkeiten hätt mitzukommen. 'S war anstrengend, nervenaufreibend."

Rosalie erfährt sich nur noch als Opfer willkürlicher Maßnahmen von außen, auf die sie keinen Einfluß hat. Auch in der Schule wird sie zum Schauobjekt erniedrigt und bloßgestellt:

"Was mich vor allem unwahrscheinlich schockiert hat, früher wurden ja die Noten vorgelesen, also meine Noten, nur "Sechser" und "Fünfer", also so schlecht war ich ja gar net, die hat se mir nur reingeknallt. Und dann hat se noch vorgelesen, daß ich in die Sonderschule übersetzt worden bin, das war eigentlich das Schlimmste für mich. Ich bin aus der Klasse raus, und hab geheult wie Rotz und Wasser."

Dennoch hat Rosalie in der Folgezeit für sich eine vorläufige Formel für ihr Problem gefunden, mit der sie die Demütigungen ertragen kann, ohne daran zu zerbrechen: Sie glaubt, daß ihre Leistungen zu Unrecht unterbewertet werden, daß sie nicht zu "dumm" sondern nur zu langsam sei, um in der Schule mitzukommen.

Die aus der Sonderbeschulung resultierende soziale Isolation vermag sie hierdurch jedoch weder wegzureden noch zu durchbrechen:

"Und die ham gemeint: "Du bist ja so doof!" und so, und ich war des eigentlich gar net ... Wie ich dann auf die Sonderschule gegangen bin, hab ich auch im allgemeinen Freunde und Freundinnen verloren, weil's da geheißen hat, die Welt ist mit Brettern vernagelt."

Rosalie erlebt eine einsame Kindheit, in der sie lernen muß, alleine mit sich etwas anzufangen. Sie hat keine Geschwister und keine Freunde in der näheren Umgebung, weil sie als "Sonderschülerin" gemieden wird. Aber auch zu den Mitschülern kann sie außerhalb der Schule keinen Kontakt aufnehmen, weil diese auf die weitere Umgebung verstreut leben:

"Und mit denen bin ich eigentlich gut ausgekommen. Aber die ham alle so in der Umgebung gewohnt. Und zu Hause hat ich eigentlich auch niemand, mit dem ich spielen konnte, ich bin also allein aufgewachsen. Und Geschwister hat ich auch keine gehabt."

Aber noch aus einem weiteren Grund kommt sie nicht zum Spielen, weil nämlich die Mutter nun einen verzweifelten Kampf "nach innen" führt, um die schulische Leistung der Tochter zu verbessern. Viele Stunden täglich muß Rosalie unter Aufsicht der Mutter Hausaufgaben machen. Die Mutter führt den Kampf vor allem für sich und gegen das Kind, denn dieses ist chronisch überfordert. Aber obwohl Rosalie diesen Zusammenhang durchschaut ("Das war für sie wichtig"), unterwirft sie sich demütig den Quälereien, die nichts nützen, vermutlich schon deshalb, weil die Mutter die einzige ist, die weiterhin an die Leistungsfähigkeit der Tochter glaubt, und zugleich "immer für sie da ist". Wieder erfährt sie den "Blick über die Schulter" passiv:

"Die war bis ich Drei oder Vier war daheim, dann isse wieder schaffen gegangen. Aber die hat immer so geguckt, daß ich, wenn ich von der Schule heimgekommen bin, daß se dann schon daheim wär, daß se dann mit mir Hausaufgaben machen konnte, und für mich dann da war. Das war für sie unwahrscheinlich wichtig, daß des ging. Und sie hat auch gesagt, wenn des net wär, dann wüßt se gar net, ob ich die Aufgaben machen würd, ob ich mitkäm, weil meine Oma, die könnt mich net kontrollieren, weil die's ja so net gelernt hat. Auch meine Mutter hat oft echt Schwierigkeiten gehabt, klar zu kommen. Und die hat sich dann halt mit mir hingesetzt, und hat mit mir Aufgaben gemacht. Und ich hab eigentlich lang für die Hausaufgaben gebraucht, ich hab so drei bis vier Stunden täglich für die Aufgaben gebraucht, jeden Tag, und ich hatte wenig Zeit zum Spielen. Ich hab erst mal langsam geschrieben, weil ich rechts schreiben mußte. Und ich hab mich auch damals schwer getan mit dem mündlichen Lernen. Und da hat meine Mutter schwer mit mir gepaukt, so's "Ein-mal-Eins" und's "ABC". 'S war schlimm, weil meine Mutter wußte genau, ich kann die Leistung bringen, ich brauch halt länger dafür, und des ham die Lehrer halt net eingesehen."

Aber nicht nur die Mutter kämpft für ihren Wunsch, daß es die Tochter einmal besser haben soll, sondern auch die Tochter verbindet mit den Hausaufgaben ein Interesse an Zuwendung. Denn schon in der nächsten Erzählsequenz wird deutlich, daß sie auch allein lernen konnte, wenn sie nur wollte, und zugleich die Kontrolle der Mutter wegfiel:

"Sie war eigentlich konsequent bei mir mit dabei, wenn ich Aufgaben gemacht hab. Nur dann, wie ich so in der sechsten/ siebten Klasse war, da hat se sich nicht so mit dazugesetzt. Ich hab dann schon mal alleine gearbeitet, das hab ich dann auch gelernt, ne, da hab ich dann auch net mehr so lange gebraucht und bin schneller fertig gewese."

Daß aber Rosalie die Zuwendung der Mutter um den Preis der Abhängigkeit und Kontrolle erkaufen mußte, kann sie erst in einem anderen Zusammenhang zugestehen, wo sie erfolgreich sich eben von der Mutter freimachen konnte, nachdem sie in der Sonderschule ohne Unterstützung durch die Mutter gelernt hat, sich durchzusetzen:

"Ich hab gelernt, mich zu wehren. Im Anfang hab ich mich halt auch nicht gewehrt. Ich bin eigentlich ziemlich mies behandelt worden in der Sonderschule. Ich hab immer ziemlich abseits gestanden, weil ich im Anfang keinen Kontakt gefunden hab, des fiel mir schwer, neue Schul', neue Umgebung. Und da ham se immer rumgemosert an mir, und da hab ich des mal der Lehrerin gesagt, aber die konnt mich ja auch nicht andauernd beschützen. Und da hab ich des meiner Mutter gesagt, und die hat gesagt: "Du mußt Dich wehrn, wenn se Dich schlagen, schlag zurück, und wenn se Dich anpöbeln, pöbel zurück!" Und ab dem Zeitpunkt hab ich mich eigentlich angefangen massiver zu wehrn. Und es war eigentlich gut so, daß meine Mutter nichts weiter unternommen hat, mir das nur gesagt hat, denn ich glaub, in dem Moment, wo se was dagegen unternommen hätt', hätte ich nie angefangen mich zu wehrn. Ich hab so manch einem en blaues Auge gehaun. Ich bin eigentlich en herzensguter Mensch, und ich hör auch zu, wenn se mit mir reden, aber wenn se Stunk suchen, und mich so lange piesacken, bis ich in Wut bin, dann schlag ich auch zu."

Wiederum ist es jedoch die Mutter, die Rosalie durch ihre überbeschützende Haltung an einer weiteren Entwicklung eher hindert. Rosalie kann sich nämlich infolge einer besseren Integration und eines gestärkten Selbstbewußtseins in der Sonderschule in der fünften Klasse so weit schulisch verbessern, daß sie für einen Wechsel in die Regelschule vorgeschlagen wird. Diese Möglichkeit weist jedoch die Mutter mit der Begründung zurück, daß das Kind durch einen Wechsel überfordert sein könnte, obwohl sie jahrelang das Kind selbst überfordert hat. Sobald Rosalie aber sich selbst zu helfen weiß, unterbindet die Mutter die Ablösung von der Mutter:

"Und dann bin ich in der Sonderschule in der fünften Klasse eigentlich soweit gewesen, daß ich widder von der Sonderschule hätt' runterkönnen, und da hat meine Mutter aber Angst gehabt, daß ich vielleicht den Übergang net schaff von der Sonderschul in die Hauptschul. Und dann hab ich die Schul' fertig gemacht, also meine neun Jahr mit Sonderschulabschluß. Die ham langsamer gelernt, abber ich bin eigentlich gut mit denen ausgekommen."

Die Mutter, die die Ablösung von der eigenen Mutter nicht geschafft hat, hält weiterhin hartnäckig an der Symbiose mit dem Kind fest, diesmal jedoch in der Rolle der Beschützerin und Helferin, die will, daß es das Kind einmal besser hat.

Die übermäßige Bindung des Kindes an die Mutter kann jedoch auch in dem Umstand begründet sein, daß die Mutter in Rosalie einen Partnerersatz sucht, weil sie nahezu ohne ihren Mann auskommen muß.

Rosalie absolviert nach dem Sonderschulabschluß ein Praktikum als Floristin und bewirbt sich auch um eine Arbeitsstelle, diesmal jedoch vergeblich, weil ihr immer noch der Sonderschulstatus anhängt:

"Und dann hat des angefangen. Ich hab mich beworben für ne Arbeitsstelle und die Bewerbungen sind teils zurückgekommen und teils ham se überhaupt nichts von sich hören lassen. Ich mußte mein Zeugnis mitschicken, und des hat viel ne Rolle gespielt."

Auch ein zweiter Anlauf bei der Bewerbung um eine Verkäuferinnenstelle mißlingt aus dem gleichen Grund:

"Und da mußt ich hinkommen zum Vorstellungsgespräch, das hat sich dann als Test entpuppt, als Leistungstest, der war eigentlich gar nicht so schlecht ausgefalln. Dann ham se erfahrn, daß ich von der Sonderschul bin, und da war's schon wieder aus. Sie könnten mich eigentlich nicht nehmen, mein Test würde nicht dem Leistungsniveau entsprechen. Vierzehn war ich da, und da war ich eigentlich auf nem ziemlichen Tiefstand. Ich hab gedacht, jetzt isses aus, jetzt findste nichts mehr."

Die Vierzehnjährige, für die die Perspektiven auf eine Zukunft schon zerstört sind, bevor sie welche entwickeln konnte, findet wiederum nur bei der Mutter Unterstützung und Hilfe, nachdem sie innerlich kurz vor dem "Aussteigen" war:

"Aber da hat meine Mutter mir unwahrscheinlich drüber weggeholfen. Die hat immer gesagt: "Des kannste net machen. Du brauchst ne Ausbildung. Wenn de heutzutage keine Ausbildung hast, biste nichts.""

Die Mutter beschließt für die Tochter, daß sie nunmehr weiterlernen soll:

"Meine Mutter war unwahrscheinlich sauer. Die hat gesagt: "Des darf doch net wahr sein, man kann doch son Jugendlichen net des Leben verbaun, nur weil er auf der Sonderschul war." Naja, und da war hier die VHS, wo man en Hauptschulabschluß machen konnte. Und da hat meine Mutter gesagt: "Gehst erst mal hin, und machst den Hauptschulabschluß, vielleicht findste dann eher was.""

Noch einmal versucht Rosalie sich von der Mutter abzulösen, indem sie sich an eine Freundin eng anschließt, die gleichwohl bei ihr die Beschützerrolle übernimmt:

"Ne Freundin, ne richtige Freundin hab ich eigentlich erst wieder gefunden, nachdem ich dann in den VHS-Lehrgang gegangen bin. Ich hab der auch gesagt, daß ich in die Sonderschule gegangen bin, und da hat sie zu mir gemeint: "Man kann nen Menschen net nach seinen Leistungen und Schulen beurteilen, man muß nen Menschen nach seinem Charakter beurteilen. Mir ham uns im Hof kennengelernt. Ich hatte damals lange Zöpfe, und da ham se mich immer dran gezogen, und ich bin empfindlich am Kopf. Wenn mir jemand an de Haarn zieht, dann krieg ich gleich Kopfweh. Und da hat sie des net mehr mitansehn können, und hat mir geholfen. So sind wir dann zusammengeblieben, und des is heute eigentlich noch ne relativ feste Freundschaft. Wir ham also echt viel unternommen. Das war dann eigentlich für mich nen unwahrscheinlicher Halt, daß ich jemand hatt', mit dem ich mich mal aussprechen konnte."

Bisher nämlich war die Mutter die einzige, die der Tochter "zugehört" hat, die ihr Halt und Hilfe bedeutete:

"Und die hat viel Zeit mit mir verbracht, all die Jahrn, wir haben viel Blödsinn zusammen gemacht. Ich wußt, ich kann da hingehn, die hört mir wenigstens zu."

Durch den stabilisierenden Kontakt mit der Freundin, der zugleich auch eine Ablösung von der Mutter bedeutet hat, verbessern sich nun auch rapide die schulischen Leistungen von Rosalie:

"Und ich hab dann den Hauptschulabschluß nachgemacht, der war eigentlich top. Ich hab nur "Einser" und "Zweier" drin gehabt, des hat eigentlich meine Leistungen bestätigt, wo ich vorher hatte. Des hab ich echt top empfunden, des war irgendwie son Aufschwung."

Wieder kommt es jedoch zu einer Krise, nachdem auch dieser Neuanlauf fehlschlägt, als Rosalie nach dem Hauptschulabschluß sich um eine Stelle bewirbt:

"Und dann hab ich mich natürlich auch wieder beworben, und hab auch keine Arbeitsstelle gekriegt, ne. Da ham se mir überhaupt keine Chance gegeben. Und ich hab des als so gemein empfunden, daß se nur nach den Zeugnissen sehn, und nicht so nach der Persönlichkeit sehn ...

Mein Traumberuf war also damals Floristin. Und dann hab ich mir gedacht, daß also meine Beziehung zu Tieren viel größer war als zu de Blumen. Und dann hab ich mir gedacht, also irgendwas mit Tieren, also Pferdewirtin, oder in ein Tierheim gehen. Hauptsache mit Tieren zusammenarbeiten, an der frischen Luft, und irgendwas unternehmen mit dem Viehzeug. Das war eigentlich mein Wunschtraum. Was ich aber nicht wollt, war so in der Versuchsanstalt arbeiten und die Tiere quälen. Das wollt ich von Anfang an nicht, ne, um Himmels willen, nie ein Tier quälen.
Auf dem Arbeitsamt ham se einfach gesagt: "Das is auf Jahre ausgebucht. Lernen Sie doch Friseuse oder Verkäuferin."

Rosalie erfährt, daß die Leute vom Arbeitsamt objektiv hilflos sind gegen die Arbeitslosigkeit und längst resigniert einen Teil der jugendlichen Lehrstellenbewerber aufgegeben haben:

"Später auf dem Arbeitsamt, die ham sich irgendwie damit abgefunden, daß man einer von den vielen Arbeitslosen ist, von den Jugendlichen, wo keine Lehrstelle kriegen. Da kriegt man zwar jede Menge Informationsmaterial, da erfährst Du eigentlich nur die schönen Seiten von nem Beruf, und nicht die schlechten. Und auf dem Arbeitsamt, da wartet man erst mal unheimlich lang. Und wenn man dann drankommt, ist der Typ schon so gestreßt, daß er Dir überhaupt nicht zuhört oder totales Desinteresse zeigt, und Dich nur so abwimmelt: Schnell wieder raus mit Dir."

Rosalie ist seit einem Jahr arbeitslos:

"Ich lese viel und beschäftige mich mit mir selbst, das ist echt beschissen."

Harun: »Sie mußten uns Türken rausschmeißen«

Harun (17) wächst als ein aus der Familie Ausgeschlossener - in der Türkei Zurückgelassener - auf. Schon unmittelbar nach seiner Geburt, sagt Harun, wurde er allein gelassen:

"Als ich die Türkei geboren bin, war mein Vater und mein Mutter schon ein Jahr in Deutschland."

Er wird bei Verwandten zurückgelassen und wächst ohne Kindheit auf; er kann sich nicht einmal erinnern, Kindheitserlebnisse zu haben, die der Erwähnung wert wären:

"Bis zum zweiten Lebensjahr war ich bei meinem Großvater, ne, dann war ich bei meine Tante, glaube ich, also ich kann mich nicht so gut erinnern, weil das eben schon so lange vorbei ist. An meine Kindheit kann ich... kann ich mich auch nicht so gut erinnern. Davon weiß ich auch nicht so viel."

Er wächst hin und hergestoßen zwischen den Verwandten auf, die vom Vater vorübergehend und unregelmäßig Geld überwiesen bekommen.

Ob Harun Sehnsucht nach den Eltern hat, ob er in Deutschland bei seinen Eltern wohnen will, danach hat niemand gefragt und zuletzt nicht einmal er selbst. Die Eltern sieht Harun höchstens einmal in den Ferien, wenn diese in die Türkei zu Besuch kommen:

"Sie waren jedes Jahr so ein, zwei Monate im Urlaub in der Türkei. Das war alles. Aber das reichte einfach nicht. Ein Kind, das kann ich mir gut vorstellen, weil ich es selbst erlebt habe, braucht auch die Liebe der Eltern. Das habe ich doch nicht erlebt. Aber ich wollte auch gerne als ich in der Türkei war, hierherkommen, aber nur so für einen Urlaub. Meine Tante und so, die haben mich nur aufgenommen, weil mein Vater in Deutschland war, ne, weil ich nie Geld hatte, das war alles. Als meine Eltern hier gelebt haben, das weiß ich doch gar nicht, darüber hab ich doch nicht einmal nachgedacht."

Nur insgeheim kann er davon träumen, zu seinen Eltern in das ferne Land zu fliegen. Sein Traumberuf ist es, Pilot zu werden:

"Jedes Kind hat ein paar Träume. Ein Kind will doch gern fliegen. Jedes Kind hat so Wünsche. Natürlich, ein Kind hat ja Berufsträume, Pilot, aber wie ich das Leben später eingesehen habe, dann hab ich gedacht, das kann man nur vergessen."

Heute hat sich Harun längst von solchen "Kindersachen" distanziert, denn in seinen Augen können nur Kinder träumen, die das Leben nicht kennen.

Warum haben ihn seine Eltern verlassen? Was hat diese zur Ausreise bewogen?

Für Harun stellt sich die Frage prinzipiell nicht als individuelles Problem, sondern immer schon als Frage nach dem Kollektivschicksal, das allen Türken widerfahren ist, die das Heimatland verlassen mußten:

"Mein Vater hatte dasselbe Problem, wie die allen anderen Türken in Deutschland auch. Meine Mutter ist erst hergekommen, weil sie besser hier Arbeit finden konnte. Ein Jahr später war mein Vater hier, um ein paar Jahre zu arbeiten, ein bißchen Geld zu verdienen, und in der Türkei was anzufangen."

Nicht daß die Eltern ihn allein in der Türkei zurückgelassen haben, ist für Harun das Problem - das nimmt er klaglos hin - sondern daß der Vater Harun zusätzlich hierzu verstoßen hat, nachdem er als Jugendlicher politisch aktiv geworden ist:

"Also da hab ich sechs Monate bei mein Großvater gelebt, sechs Monate woanders usw., also vierzehn Jahre hab ich allein gelebt, also ohne Eltern, einmal da und einmal da, das war große Problem für mich, ne. In den letzten zwo Jahrn hab ich dann ganz allein in unserem Haus gelebt. Ich hatte Probleme sehr viel gehabt.
Mein Vater hatte mir damals keinen Pfennig ... Ich hab nach der Schule gearbeitet in einer Autoschlosserei, ne, mit diesem Geld hab ich gelebt ... Also warum, ich will das jetzt ein bißchen mehr erklären, warum mein Vater mir kein Geld geschickt hat usw..
Der hat auch Gründe gehabt. Er magte doch meine politische Einstellung nicht. Einmal indem ich sehr Unglück hatte in der Türkei, damals war ich doch im Gefängnis. Er hat mich gar nicht dort besucht, weil er das nicht gemocht hatte. Ich war Vierzehn. Erste Mal war ich mit Dreizehn im Gefängnis. Das war alles so Hektik."

Nicht nur, daß ihn seine Familie zurückgelassen hat, nicht nur, daß Harun auch in seinem Heimatland aus der Gesellschaft ausgeschlossen wurde, auch sein Vater läßt den Dreizehnjährigen fallen und allein im Gefängnis zurück. Das erst hat bei Harun eine tiefe Enttäuschung hinterlassen und der Riß zwischen Vater und Sohn ist unaufhaltsam. Zugleich fühlt er sich fremd im eigenen Land:

"Es gibt so die Grauen Wölfe und die Sozialisten, also wie ich, und es gibt die Leute, die nur nach der Religion leben. Mein Vater war in der Mitte. Ich habe nur demonstriert, Demonstration und so, ist bei uns Schuld."

Harun hat aber längst gelernt, allein zu leben, für sich zu sorgen und die Verantwortung zu übernehmen. Hieran kann ihn nun auch sein Vater nicht mehr hindern. Harun kommt ein weiteres Mal als Vierzehnjähriger ins Gefängnis, weil er für seine unmittelbaren Interessen, nämlich etwas lernen zu wollen, eingetreten ist.

Stolz betont er hierbei seine Führungsrolle, er ist schon nicht mehr nur Opfer der anderen und weiß, was er will:

"Dann hab ich bei dem Boykott in unserer Schule teilgenommen, also was heißt teilgenommen, mit ein paar Freunden hab ich den Boykott geführt, ne. Das war auch Schuld. Gegen die Schulleiter usw.. Also unsere Lehrer, wir hatten auch gehabt Lehrer, die unsere politische Einstellung hatten, die haben sie doch irgendwohin weggeschickt. Wir hatten gar keine Lehrer gehabt. Deshalb hatten wir demonstriert. Wir sitzen in der Klasse die ganze Zeit herum und lernen nichts."

Der Schnitt mit dem Vater vollzieht sich bereits in der Türkei, aber die aktive Bewältigung der Trennung vom Elternhaus erfolgt erst in Deutschland, nachdem Harun als Vierzehnjähriger mit seinen Eltern zusammengezogen ist. Die Ausreise nach Deutschland wird zum Wendepunkt. Die Rollen haben sich nunmehr vertauscht:

Jetzt ist er es, der nichts mehr von seinen Eltern wissen will. Harun leugnet, daß er überhaupt noch den Wunsch hat, mit seinen Eltern zusammen zu leben. Jetzt sind sie es auch, die auf ihn warten müssen:

"Nein, nein, mir wars doch wurscht, ne. Ich hab doch gar nicht gebeten, daß die mich herbringen. Die haben das selber getan. Die haben versucht, mich zu verarschen. Die haben gesagt: "Du kommst nur nach Deutschland für ein paar Monaten in den Sommerferien, dann gehst du wieder zurück." Ich bin immer noch in Ferien, seit drei Jahren, ich bin immer noch nicht zurück."

Was Harun jedoch zunächst verschweigt und erst später in seiner Erzählung einfügt, ist die Tatsache, daß er vor allem deshalb nach Deutschland gekommen ist, weil er in der Türkei vermutlich eine Gefängnisstrafe hätte absitzen müssen (wegen des Schulboykotts) und die Eltern ihn wohl auch deshalb nach Deutschland geholt haben, um ihn hiervor zu bewahren:

Türkenraus

"Ich bin nicht so einfach aus der Türkei weggegangen. Ich kann sagen, ich bin weggelaufen. Ich hatte da einen Prozeß gehabt, das war der 18. Juli 1979, und im Juni bin ich hergekommen. Ich kann nicht zurück. Die suchen mich jetzt gerade. Wenn ich in die Türkei gehe, dann nehmen die mich fest."

Harun will nicht Emigrant sein, er zieht die Version vor, "seit drei Jahren in Ferien zu sein."

Auch hat sich die grenzenlose Enttäuschung seiner Kindheit, immer nur Eltern in den Ferien zu haben, nunmehr umgekehrt in die Waffe, nur auf Besuch bei ihnen zu sein. Die Entfremdung zwischen Eltern und Sohn ist unaufhebbar geworden. Er lebt wie ein Fremder unter ihnen und betont seine Autonomie:

"Ich hab mit meinen Eltern gar nichts zu tun. Ich lebe mein Leben, sie leben ihr Leben. Ich wohne bei denen. Ich schlafe bei denen und ich esse bei denen. Das ist alles."

Die Familie hat nichts mehr mit ihm gemein. Obwohl die Eltern seit 15 Jahren in Deutschland leben, sprechen sie Deutsch "wie Tarzan im Fernsehen", sagt Harun. Sie arbeiten beide als Hilfsarbeiter und haben keinerlei Kontakte zu Deutschen. So konnte ihm der Vater auch nicht bei der Integration in Deutschland helfen. Dies aber hat Harun erwartet und benötigt:

"Mit denen rede ich nichts. Mit meinem Vater rede ich z.B. über meine Probleme gar nicht, das ist mein Problem. Ich habe mich in der Hauptschule angemeldet. Ich bin ein Jahr in die Hauptschule gegangen. So viele Probleme habe ich gehabt."

Harun hatte in der Türkei die Schule bis zur achten Klasse besucht, was in dem dortigen Schulsystem einem Realschulabschluß gleichkommt, hier aber nicht anerkannt wird. In Deutschland hat er dann lediglich eine der drei für den Hauptschulabschluß notwendigen Klassen absolviert und sich anschließend in einem berufsvorbereitenden Projekt angemeldet. Dies vielleicht auch deshalb, weil er in der Hauptschule der einzige Türke war und insofern mit erhöhten Sprach- und Integrationsproblemen zu kämpfen hatte. Nachträglich deutet Harun jedoch diese Tatsache in eine Chance um, schneller Deutsch zu lernen:

"Ich habe immer deutsche Freunde gehabt. Als ich in die Hauptschule kam, war ich der einzige Türke in der Schule. Also ich hatte zwei Möglichkeiten gehabt: Entweder rede ich gar nichts oder ich lerne Deutsch. Ich konnte weder meine Probleme erzählen noch was sagen, weil ich gar kein Deutsch konnte. Das ist bei allen so, glaube ich, dann bemüht man sich sehr viel."

Harun ist in die Selbständigkeit gezwungen worden. Auch später als Harun sich um eine Lehrstelle bewirbt, kann und will ihm der Vater nicht helfen, versucht sogar, ihn an einer Ausbildung zu hindern:

"Mein Vater war dagegen, daß ich eine Ausbildung mache. Ihm wäre es lieber gewesen, wenn ich gleich arbeiten ginge, und wenn er gleich in die Türkei zurückgehen könnte. Aber mein Leben ist ja mein Leben. Ich kann nicht mein Leben nach meinem Vater richten ... Ich mach meine Lehrstelle, das, was für mich gut ist. Das interessiert ihn doch gar nicht. Wir hatten einen Elternabend z.B. letztes Jahr (während der überbetrieblichen Ausbildung im IB), und ich hab ihm einen Brief schicken lassen und er ist trotzdem nicht gekommen. Das interessiert ihn doch gar nicht."

Je mehr der Sohn Desinteresse bei dem Vater vermutet, umso mehr betont er seine Autonomie, daß er Hilfe nicht mehr nötig hat.

Er ist nunmehr gewillt, "alleine durchzukommen" und hat auch schon nach einer eigenen Wohnung gesucht:

"Ich habe 100 Mal gesagt, daß sie gehen können (die Eltern), daß ich auch alleine durchkommen kann. 14 Jahre lang bin ich durchgekommen, jetzt komm ich auch durch. Ja, was ist das schon, daß sie meinetwegen hierbleiben. Aber ich bin auch schließlich ihr Sohn. Ich bin noch nicht mal volljährig. Ich bin noch 17. Deshalb kann ich hier keine Wohnung finden."

Harun stößt nunmehr in Deutschland an die Grenzen seiner Autonomie, die durch die gänzlich andere Rechtssituation bestimmt werden. Konnte Harun bereits als Kind in der Türkei eine Arbeitsstelle finden, so reicht hier seine große Selbständigkeit allein nicht aus:

Bei seinen autonomen Versuchen, eine Lehrstelle zu finden, stößt er an die Grenzen seines Kollektivschicksals, als Türke im Ausland stets benachteiligt zu sein. Wieder macht Harun eine traumatische Ausschlußerfahrung:

"Und ich mußte zum Arbeitsamt usw.. Mein Vater hat mir auch gar nicht geholfen. Ich hab das alles allein gemacht. Ich

hab mir ne Lehrstelle besorgt, bevor ich mich hier beworben hab. Davor hab ich viele, viele Stellen gefunden, da, wo ich wohn. Bei einer Firma hab ich mich beworben nach einer Prüfung, die haben mich aufgenommen ... Wir haben einen Vertrag gemacht und einen Monat später, bevor ich angefangen hab, haben sie mich rausgeschmissen. Die haben ein paar Gründe genannt, Arbeitskrise.
Mit mir haben sie noch sieben Ausländer rausgeschmissen; vier Jugoslawen, ein Spanier und zwei Türken. Der Personalchef hat erzählt, das sind die letzten sieben (der Lehrstellenbewerber). Aber ich kann mir gar nicht vorstellen, daß die letzten sieben auch Ausländer waren. Sie mußten uns rausschmeißen. Das nehme ich so an, aber sie können nicht Türken aufnehmen und die Deutschen rausschmeißen. Da haben sie gedacht, dann schmeißen wir lieber die Ausländer raus."

Nachdem Harun bei seinen eigenen Versuchen eine neue Lehrstelle zu finden, mehrfach scheitert, lernt er über einen türkischen Kollegen einen Jugendhilfe-Träger kennen, bei dem er eine Berufsausbildung beginnen kann.

Im Rahmen des sogenannten Benachteiligtenprogramms der Bundesregierung erlernt er den Beruf des Gas-Wasser-Installateurs.

Er hat mit der Ausbildung keinerlei Probleme, so sagt er, denn er ist gewohnt, wie ein Erwachsener zu arbeiten.

"Mühe" ist für ihn selbstverständlich, nachdem er seit seiner Kindheit "alleine durchkommen" mußte. Und er kann nicht verstehen, daß seine Arbeitsmoral nicht auch für die anderen gelten soll:

"Das ist ein bißchen schwierig (in der Berufsschule), echt schwierig ... weil ... ich net, aber ich hab noch drei Freunde, die genauso wie ich Installateur lernen wollen. Ich komm schon allein durch, das weiß ich schon, allein komm ich schon durch. Aber ich möchte denen helfen, das ist hier ein bißchen schwierig, die haben nicht so gute Deutschkenntnisse. Ich übersetz denen alles. Also die sind doch komische Leute, z.B. wir schreiben eine Klassenarbeit und die bemühen sich zu Hause gar nicht. Also, die nehmen die Hefte nach Hause mit und bringen die genau so mit in die Schule. Also logisch muß ich was zu Hause machen, sonst komm ich doch gar nicht durch. Also wir waren jetzt siebzehn, ich weiß nicht, ob das stimmt und ich habe das beste Zeugnis gehabt. Also wenn man zu Hause nicht arbeitet, kommt man nicht durch."

Harun vertritt zwei letzten Endes sich widerstreitende Prinzipien in seinem Lebensentwurf. Einerseits folgt er der Devise, "daß jeder seines Glückes Schmied sei" und seine

Probleme allein zu bewältigen hat. Andererseits vertritt er das Prinzip der gegenseitigen Hilfe und er sagt: "Jeder muß doch jedem helfen", aber er sagt zugleich: "Man muß auch an sich denken."

Angst vor dem Zirkel von Arbeitslosigkeit, Ausweisung aus Deutschland und Arbeitslosigkeit in der Türkei bestimmen sein aktuelles Denken:

"Wenn Du jetzt hier auf die Straße gehst, dann siehst Du vielleicht an der Wand Schilder: "Ausländer raus, Türken raus." Das kann, das soll man einfach nicht machen. Das ist erstens, besonders die Rocker hier in Deutschland, die schlagen sehr gerne, wenn sie einen Ausländer erwischen. Die Jugendlichen sonst nicht, aber die Alten, die mögen die Ausländer nicht, zu 90%, aber die Jugendlichen, die sind nicht so. Wir haben jetzt zwei Millionen Arbeitslose und wenn die Ausländer rausgehen, da kann ich mir nicht vorstellen, daß es dann keine Arbeitslosigkeit mehr gibt. Aber das find ich doch gar nicht richtig."

Wenn Harun über Ausländerhaß, über Deutsche und Türken spricht, ist er innerlich gespalten:

Einerseits erfährt er täglich als Türke den Ausländerhaß und verteidigt die türkischen Landsleute, andererseits grenzt er sich gegen diese ab. Er gehört nirgendwo mehr ganz dazu:

"Wir haben eine andere Sprache, eine andere Kultur und eine andere Religion. Hier sind nicht nur die Türken, hier sind auch die Jugoslawen, die Italiener, die Spanier. Aber besonders die Türken sind hier nicht gemocht, oder die Leute, die aus Asien, aus dem Osten kommen. Man kann von den Türken nicht erwarten, daß sie wie die Deutschen leben, die sind anders aufgewachsen. Ich hab mit der Religion nie was zu tun gehabt. Man muß von zwei Seiten denken: Aber die Religion ist echt scheiße! Wenn man nach unserer Religion lebt, dann kann man nichts machen. Dann muß man 24 Stunden in der Moschee sitzen und beten. Wenn man das alles tut, dann kann man hier nicht leben, z.B. mit dem Schweinefleisch; Fleisch ist für mich Fleisch. Oder, nach meiner Meinung ist die Frau und der Mann gleich. Was ein Mann tun kann, kann auch eine Frau tun. Die Frauen haben auch das Recht, was zu sagen, was zu arbeiten oder spazieren zu gehen. Hier bei uns ist das leider nicht so. Die Frauen sind, es tut mir leid, wenn ich das sagen soll, aber die Frauen sind bei uns nur Gebrauchsmittel, ne. Die Frau muß arbeiten und auf die Kinder aufpassen und der Mann muß im Café sitzen und Karten spielen. Nur die Männer haben was in der Familie zu sagen und nur der Mann bestimmt."

Haruns Alltag ist angefüllt mit Arbeit und er verfügt über so gut wie keine Freizeit. Morgens steht er um halb sechs Uhr auf, macht dann häufig Überstunden bis sieben oder acht Uhr abends, weil es der Meister so will, und hat dann noch einen weiten Fahrtweg nach Hause. Zusätzlich neben der Arbeit und den Stützkursen in Deutsch und Fachtheorie macht Harun derzeit seinen Führerschein. Nur ab und an bleibt ihm Zeit, mit seinen deutschen Freunden auszugehen oder sich mit anderen im Jugendclub des Freien Trägers zu treffen. Aber auch das Vergnügen wird für Harun zur Arbeit und er hat noch niemals eine Beziehung zu einem Mädchen aufgenommen.

Der Preis seiner Anstrengung ist die Unfähigkeit, unbeschwert ein Jugendlicher zu sein. Harun ist nicht nur um seine Kindheit sondern auch um seine Jugend betrogen worden:

"Also wissen Sie, ich will ja gern mit Deutschen zusammenarbeiten, z.B. ich komme jeden Woche hier in den Jugendclub und da sind nur Deutsche. Da hab ich doch ein paar Dinger angestellt und ein Theaterstück vorbereitet. Ich hab die Zeit vor dem Putsch und nach dem Putsch in der Türkei erzählt. Jetzt versuche ich noch ein Theaterstück zu machen über die Probleme der Ausländer in Deutschland. Bißchen schwierig, aber ich komme damit schon durch ... Ich freue mich immer, wenn ich mit Deutschen zu tun habe. Aber ich weiß nicht, ob ich gar keine Zeit gehabt habe, ich hab noch niemals versucht, in Deutschland ein Mädchen anzumachen.
Dafür bin ich nicht ausgebildet. Ich weiß nicht, das habe ich mich noch niemals gefragt, warum. Man muß versuchen, ein bißchen logisch zu denken, nicht so kindisch. Ich bin auch manchmal so kindisch, aber jede Sache hat eine gewisse Zeit."

Harun, der Siebzehnjährige, sieht aus als wäre er zehn Jahre älter, und hat keine Zeit für solche "Kindersachen". Ihm bleibt nicht einmal der Fluchtweg offen, in der Phantasie mit dem Gedanken an eine Rückkehr in die Heimat zu spielen, wie es so viele seiner Landsleute tun, um die Realität im fremden Land aushalten zu können:

"Jetzt denk ich schon nach, wenn ich in die Türkei müßte, was soll ich machen. Aber ich brauch nicht zu denken und ich brauch nichts zu machen, weil ich weiß, daß ich ins Gefängnis komme."

IV Wie der Staat die Krise managt: Wegweiser durch das Maßnahme-Chaos

Auf die geschilderte Entwicklung des Ausbildungssystems seit Mitte der siebziger Jahre reagierte die staatliche Berufsbildungspolitik in dreierlei Hinsicht:

- **Durch Aufgabe jeglicher Bemühungen um qualitative Verbesserung der Berufsausbildung und die schrittweise Rücknahme bereits realisierter Reformen. Damit sollte die Ausbildungsbereitschaft der angeblich durch die Reformpolitik verunsicherten Betriebe gefördert werden.**
- **Durch großzügige direkte und indirekte Subventionierung von Ausbildungsplätzen. Finanzielle Anreize sollten Ausbildung für die Wirtschaft wieder interessant machen.**
- **Durch den zügigen Ausbau einer ganzen Palette berufsvorbereitender und schulzeitverlängernder Maßnahmen für arbeitslose Jugendliche.**
  Offizielles Ziel: Chancen auf einen Ausbildungsplatz durch gezielte Berufsvorbereitung erhöhen.

Am bedeutsamsten ist dabei die Entstehung eines relativ eigenständigen Bildungsbereiches zwischen Schule und Berufseintritt. Dieser Prozeß, der einem tiefgreifenden strukturellen Wandel des Berufsbildungssystems gleichkommt und den Schlüssel zum Verständnis der aktuellen Entwicklung liefert, steht demzufolge im Mittelpunkt dieses Kapitels.

Zuvor wird jedoch noch kurz auf die beiden anderen Krisenbewältigungsversuche des Staates, Reformabbau und Subventionspolitik, eingegangen.

Reformabbau und Subventionspolitik für die Betriebe

Das Scheitern der Berufsbildungsreform mit der Verabschiedung des Ausbildungsplatzförderungsgesetzes (AplFG) markierte - wie bereits in Kapitel I dargestellt - eine Trendwende in der staatlichen Berufsbildungspolitik.
Von diesem Zeitpunkt an dominierte - angesichts des Problems der Jugendarbeitslosigkeit - eine rein quantitativ orientierte Ausbildungsplatzsicherungsstrategie.
Kern dieser neuen Berufsbildungspolitik war und ist es, die Ausbildungsbereitschaft der Wirtschaft zu fördern, einerseits durch finanzielle Anreize (Subventionen), andererseits durch den Abbau angeblich ausbildungshemmender und die Wirtschaft verunsichernder Vorschriften.
Dies führte zu einer schrittweisen Rücknahme bereits realisierter und zur endgültigen Aufgabe lange geplanter Reformschritte in der beruflichen Bildung. Gleichzeitig entstand ein schier undurchschaubares Netz von Subventionsprogrammen für die Bereitstellung von (zusätzlichen) Ausbildungs- oder Arbeitsplätzen für Jugendliche.
Die folgenden Beispiele, deren Liste sich verlängern ließe, sollen dies verdeutlichen.

<u>Beispiel Ausbildungsplatzabgabe</u>

Das Ausbildungsplatzförderungsgesetz enthielt - als letztes Überbleibsel der ursprünglichen Reformpläne einer Fondsfinanzierung der beruflichen Bildung - eine Vorschrift, die es dem Staat ermöglichte, von allen nicht an der Ausbildung beteiligten Unternehmen eine Umlage zur Finanzierung zusätzlicher Ausbildungsplätze zu erheben. Diese Umlage in Höhe von 0,25% der jährlichen Lohn- und Gehaltssumme konnte dann erhoben werden, wenn das Angebot an Ausbildungsplätzen nicht mindestens 12,5% über der Nachfrage lag.

Von dieser Möglichkeit wurde jedoch nicht ein einziges Mal Gebrauch gemacht, obwohl die Voraussetzungen dafür seit 1976 ununterbrochen gegeben waren (vgl. Tab. 1 zur Lehrstellenbilanz).
Mit der immer gleichen Begründung, man vertraue darauf, "daß die Wirtschaft weiterhin genügend eigene Aktivitäten entfalte, damit die durch das Gesetz mögliche Ausbildungsabgabe auch in Zukunft nicht erhoben werden müsse" (Bildungsminister Schmude, 1980), verzichtete die Regierung auf den Einsatz dieses "Instruments für die Notsituation" (der damalige Staatssekretär und spätere Bildungsminister Engholm, 1980).

In der Zwischenzeit ist zwar die Not noch wesentlich größer geworden, doch das Instrument "Ausbildungsabgabe" existiert nicht mehr. Das Bundesverfassungsgericht erklärte das AplFG auf Antrag der unionsregierten Länder im Dezember 1980 aus formalen Gründen (Eingriff in die Kulturhoheit der Länder) für verfassungswidrig.
In dem 1981 verabschiedeten Berufsbildungsförderungsgesetz ist von einer Finanzierungsregelung keine Rede mehr, obwohl das Bundesverfassungsgericht in seinem Urteil zum AplFG die verfassungsrechtliche Möglichkeit einer Umlagenfinanzierung ausdrücklich anerkennt.

Beispiel Ausbildereignungsverordnung

Auch die Ausbildereignungsverordnung ist ein Relikt aus der Zeit der Berufsbildungsreform. Sie wurde 1972 mit dem Ziel verabschiedet, die Qualität der Ausbildung zu steigern und verpflichtete die Ausbilder, sich innerhalb einer festgesetzten Frist einer pädagogischen Eignungsprüfung zu unterziehen.

Auf Druck der Wirtschaft wurden zunächst alle Ausbilder mit zehnjähriger Ausbildungspraxis von der Prüfung befreit. Dann wurde die Frist mehrfach verlängert, zuletzt bis zum 31.12.1984.

Mittlerweile hat das Bundeskabinett beschlossen, denjenigen Ausbildern die Prüfung zu ersparen, die bis zu diesem Zeitpunkt (31.12.84) fünf Jahre zusammenhängend oder sechs Jahre insgesamt ohne Beanstandungen ausgebildet haben.

Beispiel Jugendarbeitsschutzgesetz

Anfang 1976 verabschiedete der Bundestag mit nur einer Gegenstimme ein neues Jugendarbeitsschutzgesetz (JAschG). Dieses neue Gesetz - als Reformwerk für einen verbesserten Schutz der arbeitenden Jugend gefeiert - enthielt bereits zahlreiche Ausnahmeregelungen, die in der Praxis den bis dahin geltenden Arbeitsschutz der Jugendlichen aufweichten.
Beispielsweise wurden die Möglichkeiten, Jugendliche mit Akkordarbeiten zu beschäftigen, sie an Samstagen, Sonntagen, Feiertagen und während der Nachtruhe bzw. bei Schichtarbeiten einzusetzen sowie die Beschäftigungsmöglichkeiten von Kindern durch entsprechende Ausnahmebestimmungen z.T. erheblich erweitert.
Dennoch gibt es derzeit eine gezielte Kampagne - getragen insbesondere von den unionsregierten Ländern und den Wirtschaftsverbänden - angeblich ausbildungshemmende Vorschriften des JAschG außer Kraft zu setzen.
So wurde von der Mehrheit der unionsregierten Länder im Bundesrat ein Gesetzentwurf zur Änderung des JAschG verabschiedet, der die flexiblere Gestaltung der täglichen Arbeitszeit von Jugendlichen vorsieht.
Im Klartext: Der Arbeitsbeginn soll um eine Stunde vorverlegt und die tägliche Arbeitszeit auf achteinhalb Stunden verlängert werden können.

Beispiel Berufsschulpflicht

Bis vor wenigen Jahren waren alle Jugendlichen in der BRD,

die keine weiterführende Schule besuchten, bis zum 18. Lebensjahr berufsschulpflichtig, unabhängig davon, ob sie in einem Ausbildungs- oder einem Arbeitsverhältnis standen.

In allen Bundesländern sind seit etwa 1976 nach und nach per Erlaß Ausnahmebestimmungen entstanden, die insbesondere arbeitslose Jugendliche von der Berufsschulpflicht befreiten. Am häufigsten ist dabei die Regelung, daß nach dem Besuch eines Berufsgrundbildungs- oder Berufsvorbereitungsjahres bzw. einer anderen einjährigen berufsvorbereitenden Maßnahme die Berufsschulpflicht erlischt, wenn kein Ausbildungsverhältnis eingegangen wird.
In manchen Bundesländern sind Erlasse verabschiedet worden, die es den Schulaufsichtsbehörden ermöglichen, arbeitslose Jugendliche auf Antrag von der Berufsschulpflicht zu befreien. Die Absicht, die dahinter steht, ist eindeutig: Die Beschäftigung dieser Jugendlichen soll für potentielle Arbeitgeber attraktiver werden. Immer mehr Betriebe machen davon Gebrauch, indem sie von jungen Arbeitssuchenden verlangen, einen entsprechenden Antrag zu stellen. (Die Regelungen zur Berufsschulpflicht in den verschiedenen Bundesländern sind im Materialanhang dokumentiert.)

Beispiel Betreuungsvertrag

Parallel zum systematischen Abbau von Reformansätzen entstand ein ganzes Netz von Subventionsmaßnahmen, die die Bereitstellung zusätzlicher Ausbildungs- und Arbeitsplätze für Jugendliche fördern sollen.
(Näheres dazu im Materialanhang)
Charakteristisch für diese Subventionspolitik ist die Verteilung der Mittel nach dem "Gießkannenprinzip" unter Verzicht auf jegliche Qualitätskontrolle. Dies öffnet dem Miß-

brauch Tür und Tor, zumindest führt es häufig dazu, daß Betriebe Subventionsmittel für Arbeits- oder Ausbildungsplätze in Anspruch nehmen, die sie sowieso bereitgestellt hätten (Mitnahmeeffekt). Die sogenannten Betreuungsverträge in Nordrhein-Westfalen sind ein besonders krasses Beispiel dafür.

Sie sollten laut Definition der Einarbeitung betriebs- aber noch nicht ausbildungsreifer Jugendlicher dienen.
Während der einjährigen Laufzeit dieser "Betreuungsverhältnisse" verbrachten die Jugendlichen acht Stunden wöchentlich in der Berufsschule, drei Stunden erhielten sie arbeitsbegleitende Betreuung und den Rest der Zeit - 29 Stunden - waren sie mit produktiver Arbeit beschäftigt.
Dafür gewährte das Land Nordrhein-Westfalen 1976 Zuschüsse zu den Lohnkosten in Höhe von 60% des Tariflohns bzw. des ortsüblichen Entgelts für die Dauer von sechs Monaten sowie eine einmalige Eingliederungszulage in Höhe von DM 1.200,--.

Eine Verpflichtung zur Übernahme der Jugendlichen in ein Ausbildungs- oder Arbeitsverhältnis bestand nicht; ebensowenig existierten wirksame Kontrollen gegen eine vorzeitige Auflösung des Vertrags. Tatsächlich wurde bei einer Untersuchung festgestellt, daß eine Reihe von Betrieben die Jugendlichen nach ein paar Wochen wieder vor die Tür gesetzt hatten, allerdings erst nach Erhalt der staatlichen Prämien.

Daraufhin wurden 1977 die entsprechenden Richtlinien geändert und die Betriebe verpflichtet, die Jugendlichen bei erfolgreichem Durchlauf der Betreuungsmaßnahme anschließend in ein Ausbildungsverhältnis zu übernehmen. Außerdem wurden die Rückzahlungsbedingungen gewährter Prämien bei vorzeitiger Vertragsauflösung verschärft.
Ergebnis: Statt der erwarteten 10.000 wurden von den Betrieben nur 60 Anträge gestellt (vgl. Wenninger, 1979).

Seit Frühjahr 1982 wird in Hessen die Einstellung arbeitsloser Jugendlicher subventioniert. Es steht jedoch zu befürchten, daß der Erfolg des nebenstehend dokumentierten Programms sich darin erschöpfen wird, daß Betriebe, wenn sie Hilfsarbeiter einstellen wollen, auf Arbeitslose unter 20 Jahren zurückgreifen werden. Neue Arbeits- oder gar Ausbildungsplätze werden damit nicht geschaffen. Bestenfalls verschiebt sich die Altersstruktur bei den arbeitslosen Hilfsarbeitern ein wenig.

Tages-Tip: Jugendarbeitslosigkeit

Finanzielle Hilfen

Arbeitgeber, die ihren Betriebssitz in Hessen haben und hier wohnende arbeitslose Jugendliche ohne abgeschlossene Berufsausbildung einstellen, können zusätzlich zu den Förderungsleistungen der Bundesanstalt für Arbeit weitere 3000 Mark als Zuschuß erhalten. Das Land Hessen hat dafür zwei Millionen Mark bereitgestellt. Damit sollen die Bemühungen der Arbeitsämter, arbeitslose Jugendliche in das Erwerbsleben einzugliedern, unterstützt werden. Die Eingliederung dieser Jugendlichen wird zunehmend schwieriger, weil kaum Stellenangebote für diesen Personenkreis eingehen.

Die Zuschüsse werden neben den Eingliederungsbeihilfen und Einarbeitungszuschüssen der Bundesanstalt für Arbeit gewährt. Voraussetzung für den Erhalt der Förderungsleistung ist, daß der Jugendliche bei Einstellung das 20. Lebensjahr noch nicht vollendet hat. Der Eingliederungszuschuß wird in zwei Raten ausgezahlt. Auskünfte erteilt das örtliche Arbeitsamt, das auch Stellenangebote von Arbeitgebern erwartet. FR

Während in den ursprünglichen Reformplänen der sozial-liberalen Koalition die Rede davon war, die Zahl der Jugendlichen ohne Ausbildungsvertrag, d.h. der ungelernten Jungarbeiter und Jungangestellten soweit wie möglich zu reduzieren, sind seit 1975 auf Länderebene Bestrebungen im Gange, die Einstellung von Jungarbeitern für die Arbeitgeber wieder interessanter zu machen. So soll vordergründig das Problem der Jugendarbeitslosigkeit entschärft werden. Dies zeigt sich nicht nur in den erwähnten Subventionsprogrammen, sondern auch und vor allem in der klammheimlichen Abschaffung der Berufsschulpflicht für alle Jugendlichen.
Inwieweit diese Maßnahmen die gewünschte Wirkung zeigen, läßt sich schwer feststellen. Offiziell wird immer wieder darauf hingewiesen, daß der Anteil der Jugendlichen ohne Ausbildungsvertrag an den Berufsschulen zurückgeht, so z.B. im Berufsbildungsbericht 1983. Dabei wird jedoch unterschlagen, daß ein ständig wachsender Teil der jugendlichen Hilfsarbeiter von der Berufsschulpflicht befreit wird, also auch in den Berufsschulstatistiken nicht mehr auftaucht.

Schulzeitverlängerung und Berufsvorbereitung: Das 10. Bildungsjahr als Auffangbecken

Der zentrale Schwerpunkt staatlicher Bildungs- und Arbeitsmarktpolitik zur Bewältigung von Jugendarbeitslosigkeit und Ausbildungsplatzmangel war und ist der zügige Ausbau schulzeitverlängernder und berufsvorbereitender Maßnahmen als Auffangbecken für potentiell arbeitslose Schulabgänger. So entstand in den letzten Jahren ein wahrer Wildwuchs von Maßnahmen im vorberuflichen Bereich, von denen immer mehr Haupt- und Sonderschulabsolventen erfaßt werden. Selbst die Kultusministerkonferenz kann auf Anfrage keinen Überblick mehr zur Entwicklung der vielfältigen Organisationsformen in den verschiedenen Bundesländern geben (vgl. M a t e r i a l a n h a n g). Gemeinsam ist allen Maßnahmen, daß sie vorgeben, die Ausbildungschancen der betroffenen Jugendlichen durch gezielte Berufsvorbereitung und die Kompensation von Bildungs- oder Sozialisationsdefiziten zu verbessern.

Unter der Bezeichnung "10. Bildungsjahr" sind alle berufsvorbereitenden und schulzeitverlängernden Maßnahmen mittlerweile in das bestehende allgemein- und berufsbildende <u>Pflicht</u>schulwesen integriert worden. Das heißt, daß sich in fast allen Bundesländern der Schulbesuch für diejenigen Jugendlichen, "die nach Erfüllung der Vollzeitschulpflicht weder eine weiterführende Schule besuchen, noch in ein Ausbildungsverhältnis eintreten" automatisch um ein Jahr verlängert (Arbeitsamt Frankfurt 1982, S. 19).

"Diese Regelung betrifft vor allem Haupt- und Sonderschüler, die nach neunjähriger Schulzeit vor der Schulentlassung stehen, aber noch keine Ausbildungsstelle gefunden haben.
Die verlängerte Vollzeitschulpflicht wird in der Regel erfüllt durch
- den Besuch eines Berufsgrundbildungsjahres oder
- den Besuch eines Berufsvorbereitungsjahres.

Sie kann aber auch erfüllt werden durch
- den Besuch einer weiterführenden zehnten Klasse an einer Gesamtschule, einer Haupt- oder Sonderschule (soweit entsprechende Klassen eingerichtet werden) oder

- die Teilnahme an einer anerkannten berufsvorbereitenden Maßnahme der Bundesanstalt für Arbeit von einjähriger Dauer."
(Arbeitsamt Frankfurt 1982, S. 19)

Diese hier zitierte und für Hessen gültige Organisationsform des 10. Bildungsjahres findet sich in ähnlicher Weise - wenn auch oft unter anderen Bezeichnungen für die einzelnen Maßnahmen - in allen anderen Bundesländern.
In den meisten Bundesländern ist das 10. Bildungsjahr schwerpunktmäßig berufsschulisch ausgerichtet, hat also nur noch sehr wenig mit der ursprünglichen Forderung nach einem zehnten allgemeinbildenden Schuljahr zu tun, aus der es aber letztendlich entstanden ist.
Um dies zu verdeutlichen soll kurz die Entwicklung vom zehnten allgemeinbildenden Schuljahr zum 10. Bildungsjahr dargestellt werden.

Bereits der Strukturplan des Deutschen Bildungsrates von 1970 forderte ein zehntes allgemeinbildendes Schuljahr für alle Schüler; die Aufhebung des vertikalen viergliedrigen Schulsystems (Gymnasium / Real- / Haupt- / Sonderschule) wurde erstmals konkret geplant.
Im Bildungsgesamtplan von 1973 wurde das 10. Schuljahr an die Organisationsform der integrierten Gesamtschule gebunden. Alle Schüler sollten zehn Jahre gemeinsam zur Schule gehen und im elften Jahr - sofern sie nicht das Abitur anstrebten - eine berufliche Grundbildung im Rahmen des Berufsgrundbildungsjahres (BGJ) erhalten.
Die Arbeitgeber, ihre Verbände und auch die CDU/CSU lehnten jedoch schon damals das zehnte allgemeinbildende Schuljahr entschieden ab.
Die Abkehr von einer "intellektuellen Verschulung" und Umorientierung zu einer "ökonomischen Grundbildung für vorwiegend praktisch begabte junge Menschen" (aus einer gemeinsamen Empfehlung des Instituts der deutschen Wirtschaft und der Kultusminister Baden-Württembergs und Rheinland-Pfalz', nach Bunk/Zedler, 1976) waren schon Mitte der siebziger Jahre Schlagworte konservativer Bildungsreform. Immer deutlicher nannten Unternehmerverbände die sich verschärfende Jugendarbeitslosigkeit ein Problem "lernunwilliger", "ausbildungsun-

reifer" und zum Teil "arbeitsscheuer" Jugendlicher. (Vgl. dazu exemplarisch: Jugend mit Zukunft, Podiumsdiskussion des Instituts der deutschen Wirtschaft, Köln 1979; insbes.: Zur Typologie gegenwärtiger Jugendgenerationen, S. 53 ff.)

Wichtig für die Entwicklung des 10. Schuljahres waren in diesem Zusammenhang drei Kompromisse, die die sozialliberale Regierung auf dem Hintergrund der Ausbildungskrise einging und mit dem Druck von Arbeitgebern und CDU/CSU legitimierte:

1. Statt sozialer und pädagogischer Argumente traten ab 1976 arbeitsmarktpolitische und finanzielle Begründungen für ein weiteres Schuljahr in den Vordergrund, "machbare und billige Reformen" hieß die Devise für die Neuordnung des Übergangs von der Schule in die Arbeitswelt.

2. Nach dem Blockieren der integrierten Gesamtschule als Regelschule in allen Bundesländern und dem periodischen Verlängern des "Versuchscharakters" dieser Schulen wurde die Koppelung eines 10. Schuljahres und einer einheitlichen Sekundarstufe I aufgegeben ("verschoben"): Ein weiteres Schuljahr an der Hauptschule war nun die korrigierte Zielperspektive.

3. Der dritte "Kompromiß" war dann die Anbindung des 10. Schuljahres an das <u>berufliche</u> Bildungswesen. Das zehnte allgemeinbildende Schuljahr war damit nur noch <u>eine</u> mögliche Angebotsform neben dem Berufsvorbereitungsjahr (BVJ) und dem Berufsgrundbildungsjahr (BGJ).

Resultat dieser Entwicklung war ein kaum zu kaschierender Widerspruch sozialliberaler/gewerkschaftlicher Programmatik und realpolitischer Entwicklung in Sachen zehntes allgemeinbildendes Schuljahr: Die Programmatik forderte unter den Postulaten der Einheitlichkeit, Gleichwertigkeit und Durchlässigkeit ein zehntes allgemeinbildendes Schuljahr für alle Schüler. Seit der Verschärfung der Krise des Ausbildungs- und Beschäftigungssystems hat sich faktisch jedoch ein Prozeß der Differenzierung und Hierarchisierung im Übergansbereich Schule - Arbeitswelt durchgesetzt: <u>Unter dem gemeinsamen Signum "10. Bildungsjahr" werden immer mehr Schüler schon vor Beginn einer Berufsausbildung aussortiert und umorientiert.</u>

Wie dies im einzelnen aussieht, soll der folgende Überblick der verschiedenen Maßnahmen im Rahmen des 10. Bildungsjahres zeigen.

Was helfen die Maßnahmen der Bundesanstalt für Arbeit?

Berufsvorbereitende Maßnahmen für arbeitslose Jugendliche sind nichts Neues. Bereits in den sechziger Jahren führten die Arbeitsämter berufsvorbereitende Lehrgänge für diejenigen Jugendlichen durch, die trotz einer hohen Zahl unbesetzter Ausbildungsstellen nicht vermittelt werden konnten, "weil die Arbeitgeber sie als (noch) nicht berufsreif abwiesen." (Wiethold 1981, S. 718)
Der Charakter dieser Maßnahmen der Arbeitsverwaltung veränderte sich jedoch schlagartig mit der rasanten Entwicklung von Jugendarbeitslosigkeit und Ausbildungsplatzmangel. Die Zahl der Teilnehmer verdreifachte sich in nur zwei Jahren: Waren es im Kursjahr 1973/74 noch 13.905 Jugendliche, die in den verschiedenen Lehrgängen untergebracht wurden, so betrug diese Zahl 1975/76 schon 38.838. Mit dem beginnenden Ausbau schulischer Berufsvorbereitungsmaßnahmen (insbesondere BVJ) gingen die Maßnahmen der Bundesanstalt jedoch kontinuierlich zurück, konnten sich aber dank der Einrichtung der Maßnahmen zur beruflichen und sozialen Eingliederung junger Ausländer (MBSE) Ende der siebziger Jahre bei über 30.000 behaupten. (Einen genauen Überblick zur quantitativen Entwicklung der verschiedenen Maßnahmen gibt Tab. 4 am Ende des Kapitels.)

Die Lehrgänge, die im Arbeitsförderungsgesetz (AFG) ihre rechtliche Basis haben, werden aus Mitteln der Bundesanstalt für Arbeit (BA) finanziert und von freien Trägern (Vereine, Kirchen, Arbeitgeberorganisationen, Gewerkschaften, Privatschulen usw.) durchgeführt. Zu unterscheiden ist dabei zwischen sechs Maßnahmetypen, die bezüglich der Zielgruppen und damit auch der Inhalte und Methoden differieren:

Förderungslehrgänge (F-Lehrgänge), Lehrgänge zur Verbesserung der Eingliederungsmöglichkeiten (LVE), Grundausbildungslehrgänge G1, G2, G3 und Maßnahmen zur beruflichen und sozialen Eingliederung junger Ausländer (MBSE).

Die Förderungslehrgänge sollen nach den Kriterien der Bundesanstalt für Arbeit solche Jugendliche erfassen, die "für eine Berufsausbildung körperlich und/oder geistig noch nicht reif sind, diese Reife aber durch die Teilnahme an einem solchen Lehrgang voraussichtlich erreichen werden." (Bundesanstalt für Arbeit; zit. nach F. Braun 1979, S. 291)
Die Teilnehmer werden "vermittels der 'werkpraktischen Unterweisung' in vier- bis sechswöchigen Kursen in möglichst fünf Berufsfelder eingeführt, von denen eines während des letzten Drittels des Lehrgangs zur Vorbereitung auf den künftigen Lehrberuf intensiver bearbeitet werden soll." (F. Braun 1979, S. 291)
Großen Raum bei der Zielsetzung der F-Lehrgänge nehmen sogenannte extrafunktionale Qualifikationen wie "Verantwortlichkeit, Sorgfalt, Pünktlichkeit, Beständigkeit, Belastungsfähigkeit, Ordnung, Sauberkeit usw." ein (F. Braun 1979, S. 291).

Die Eingliederungslehrgänge (LVE) setzen eindeutig eine Stufe tiefer an. Sie sind gedacht für schulentlassene Jugendliche, "die voraussichtlich den Anforderungen einer Berufsausbildung auf Dauer nicht gewachsen und für den Übergang in das Arbeitsleben bzw. für die Eingliederung in eine Tätigkeit in einer Werkstatt für Behinderte noch nicht reif sind, dafür aber voraussichtlich befähigt werden können." (Bundesanstalt für Arbeit; zit. nach F. Braun 1979, S. 292)

Die Teilnehmer dieser Lehrgänge - überwiegend Sonderschulabsolventen und Hauptschüler ohne Abschluß - sollen darauf vorbereitet werden, "einfachen beruflichen Tätigkeiten nachgehen" zu können. Dementsprechend sollen auch die "Unterweisungspläne ... inhaltlich darauf abgestimmt sein, welche anschlie-

ßenden Vermittlungsmöglichkeiten für die Teilnehmer tatsächlich gegeben sind." (Bundesanstalt für Arbeit; zit. nach F. Braun 1979, S. 29)
Und in einer Broschüre des Arbeitsamtes Frankfurt für Schulabgänger 1983 heißt es schlicht, daß die Eingliederungslehrgänge "in der Regel auf eine Arbeitnehmertätigkeit vorbereiten." (Arbeitsamt Frankfurt 1982, S. 40)

Die G r u n d a u s b i l d u n g s l e h r g ä n g e - 1974 erstmals eingerichtet - werden in drei verschiedenen Typen als G1, G2 oder G3-Lehrgänge angeboten.
Die G1-Lehrgänge richten sich an Schulentlassene, "die eine angestrebte Berufsausbildung wegen Mangel an geeigneten Ausbildungsstellen nicht aufnehmen können", aber als berufsreif gelten (Bundesanstalt für Arbeit, 1979)

In den G1-Lehrgängen werden im Grunde die Inhalte des ersten Ausbildungsjahres vorweggenommen, ohne daß jedoch - wie beim BGJ - eine Möglichkeit zur Verkürzung einer evtl. anschließenden Ausbildung (Anrechnung) besteht.

Die G2-Lehrgänge sind für Schulentlassene gedacht, "deren Bewerbungen um Ausbildungsstellen ihrer schulischen Leistungen wegen aussichtslos sind." (Bundesanstalt für Arbeit, 1979)

Anstatt nun die schulischen Defizite dieser Jugendlichen aufzuarbeiten, zielen die G2-Lehrgänge darauf ab, "den Teilnehmern vorwiegend praktische Grundfertigkeiten aus solchen Berufen ... (zu vermitteln) ... in denen auf dem örtlichen Arbeitsmarkt üblicherweise Arbeitskräfte eingearbeitet bzw. angelernt werden." (Bundesanstalt für Arbeit ,1979)

Die G2-Lehrgänge sind 1982 eingestellt worden.

Bei den G3-Lehrgängen, die unter den Grundausbildungslehrgängen quantitativ am bedeutsamsten sind, wird die Tendenz noch eindeutiger. Sie sind definiert als Lehrgänge "für arbeitslose Jugendliche, für die - unabhängig von den dafür maßgeblichen Gründen - eine Berufsausbildung nicht in Betracht kommt." (Bundesanstalt für Arbeit, 1979)

Den Teilnehmern werden "berufspraktische Fertigkeiten" und "Kenntnisse über Arbeitsverhalten, Arbeitsschutz und Arbeitssicherheit" vermittelt (Bundesanstalt für Arbeit; zit. nach F. Braun 1979, S. 296), die - wie F. Braun meint - "bestenfalls die unmittelbare Einsetzbarkeit der Absolventen erhöhen könnten." (F. Braun, 1979, S. 296)

Die Maßnahmen zur beruflichen und sozialen Eingliederung junger Ausländer (MBSE) sind das jüngste Programm der Bundesanstalt für Arbeit im Bereich der vorberuflichen Bildung. Sie werden seit 1979 speziell für die Gruppe der ausländischen Jugendlichen durchgeführt.
Offiziell haben sie das Ziel, "die Möglichkeit der Aufnahme eines Ausbildungs- bzw. Arbeitsverhältnisses zu verbessern. Vermittelt werden berufsbezogene Kenntnisse und Fertigkeiten sowie sprachliche und allgemeinbildende Inhalte." (Arbeitsamt Frankfurt; 1982, S. 40)

Der Schwerpunkt liegt dabei auf der Berufsvorbereitung (1.000 Std. = 60%). Die Jugendlichen sollen möglichst drei verschiedene Berufsfelder kennenlernen.

Für die ausländischen Jugendlichen hat die Teilnahme an MBSE eine große Bedeutung; denn sie erhalten im Anschluß daran eine Arbeitserlaubnis.

Berufsvorbereitung - ein Etikettenschwindel?

Wie aus diesem Überblick schon deutlich wird, ist die Bezeichnung 'berufsvorbereitende Maßnahme' zumindest für einen Teil der Lehrgänge irreführend.
In Wirklichkeit soll - wie Definition, Zielsetzung und Lehrgangsinhalte zeigen - ein Großteil der Jugendlichen auf eine

un- oder angelernte Arbeitnehmertätigkeit vorbereitet werden. Aus einer Untersuchung des BIBB geht hervor, daß 19% der Förderungslehrgänge und 65% der Eingliederungslehrgänge "nach Angaben der Leiter dieser Maßnahmen die Jugendlichen hauptsächlich auf eine ungelernte Arbeitnehmertätigkeit vorbereiten sollen." (Berufsbildungsbericht 1981, S. 66)

Dementsprechend ist auch der "Karriere"-Verlauf vieler Jugendlicher: Ein ständig wachsender Teil erhält nach diesem Jahr keinerlei weitere berufliche Qualifizierung und wird Hilfsarbeiter oder arbeitslos.

Am deutlichsten ist dies bei MBSE. Von den Teilnehmern des Jahrgangs 1980/81 erhielten 11% einen Ausbildungsplatz, 33% einen Arbeitsplatz und 43% wurden arbeitslos (vgl. Institut für Arbeitsmarkt- und Berufsforschung, 1983, S. 1).
Bei allen genannten Maßnahmen der Bundesanstalt zusammen sank die Einmündungsquote der Teilnehmer in anerkannte Ausbildungsverhältnisse von 61% 1971/72 kontinuierlich bis auf 21% 1980/81 (vgl. Drexel, 1983, S. 111).

Für mehr als drei Viertel der jährlich fast 50.000 Jugendlichen ist die Teilnahme an einer dieser Maßnahmen demzufolge mit einer Dequalifizierung zum Hilfsarbeiter bzw. mit anschließender Arbeitslosigkeit verbunden.

Privatisierung und Trägerkonkurrenz

Alle genannten Maßnahmen werden von Freien Trägern im Auftrag der Bundesanstalt für Arbeit durchgeführt.
Die Zuweisung der Teilnehmer erfolgt durch das zuständige Arbeitsamt. Selten werden alle Lehrgangstypen an einem Ort angeboten, so daß die Jugendlichen ungeachtet ihrer individuellen Voraussetzungen in die Maßnahmen vermittelt werden, die es zufällig vor Ort gibt. Dazu kommt, daß die Arbeitsämter kaum in der Lage sein dürften, nach einem kurzen Beratungsgespräch

"Jugendliche in die Kategorie 'ausbildungsgeeignet - ausbildungsungeeignet' einzuteilen." (Wiethold, 1981, S. 718)

Neben dieser oft willkürlichen Form der Teilnehmerzuweisung sind auch bei einer Reihe von Trägern bedenkliche Entwicklungstendenzen festzustellen.
Für sie ist die Durchführung solcher Maßnahmen bereits zu einem festen Haushaltsposten geworden - entsprechend gewinnorientiert arbeiten sie.
Verschärft hat sich dies noch dadurch, daß die Maßnahmen seit 1981 prinzipiell an den jeweils kostengünstigsten Anbieter vergeben werden - weitgehend unabhängig von Qualitätskriterien.
Arbeitgeberorganisationen, Privatschulen und etablierte Träger haben hierbei erhebliche Konkurrenzvorteile.
Erstens verfügen sie in der Regel bereits über volleingerichtete Werkstätten, die oft aus Mitteln der Bundesanstalt für Arbeit bezahlt wurden, als dafür noch üppig Mittel zur Verfügung standen.
Zweitens arbeiten sie oftmals mit schlecht bezahlten Honorarkräften (z.B. arbeitslose Lehrer).
So können sie gegenüber anderen Trägern erhebliche Personalkosten einsparen.
Drittens verfügen sie durch langjährige Kooperation über gute Drähte zum Arbeitsamt.

All diese Faktoren führen zu einer faktischen Monopolstellung bestimmter Träger.

Das Nachsehen haben dabei immer häufiger Selbsthilfe- und Kleinträger, die über keine Lobby verfügen. Sie haben jedoch i.d.R. den unmittelbarsten Kontakt zu den Jugendlichen und leisten pädagogisch engagierte Arbeit.

Da die Möglichkeiten des Arbeitsamtes, Qualitätskontrollen bei den Trägern durchzuführen, äußerst begrenzt sind und in der Praxis auch kaum wahrgenommen werden, ist einem möglichen Mißbrauch Tür und Tor geöffnet.
Dieser Ansicht ist wohl auch die Gewerkschaft Erziehung und Wissenschaft, wie der folgende Auszug aus einem Artikel der Frankfurter Rundschau zeigt:

GEW gegen Privatisierung der beruflichen Ausbildung

Plätze für Jugendliche, ohne für sie zu zahlen

Am Beispiel der „Maßnahmen zur beruflichen und sozialen Eingliederung junger Ausländer" (MBSE) hat der stellvertretende GEW-Landesvorsitzende Albert Schobbe am Freitag bei einer Pressekonferenz in Frankfurt deutlich gemacht, was seine Gewerkschaft gegen „deutliche Privatisierungstendenzen" auf dem Ausbildungssektor einzuwenden hat. MBSE, so Stobbe, das sei der krasse Beleg dafür, wie sich die Unternehmer die gegenwärtige Krise des Ausbildungssystems zunutze machten.

Der für die GEW höchst dubiose Effekt: Die gleichen Unternehmer, die sich erfolgreich um eine Ausbildungsplatzabgabe gedrückt hätten, könnten nun öffentliche Mittel dafür kassieren, daß sie die freien Kapazitäten in ihren Lehrwerkstätten mit Jugendlichen besetzen, die sie nicht zu bezahlen brauchten. Wie lukrativ das sei, gehe allein schon aus dem intensiven Werben des Bildungswerks der hessischen Arbeitgeber hervor, das in Schreiben an die Schulen versuchte, Schüler vom Besuch des 10. Schuljahres abzuhalten und in die privaten Werkstätten zu lenken.

Erst einmal dort, so befürchtet die GEW, seien die Jugendlichen fest in der Hand der Unternehmer, schütze sie keinerlei öffentliche Kontrolle mehr davor, fachlich völlig ungeeigneten Firmen und Ausbildern aufzusitzen, die sich zum Teil sogar eigens zum Abschöpfen öffentlicher Gelder gegründet hätten.

Bei ihrer Vertreterversammlung, die am kommenden Donnerstag in Friedberg beginnt, will die hessische GEW nun eine Offensive gegen die Privatisierung der beruflichen Ausbildung einleiten. pmg

Aus: Frankfurter Rundschau v. 19.3.83

<u>Das Berufsgrundbildungsjahr (BGJ) - Den Arbeitsmarktverhältnissen angepaßt</u>

Das Berufsgrundbildungsjahr (BGJ) - auch Berufsgrundschuljahr genannt - war ein zentraler Bestandteil der Reform des beruflichen Bildungswesens (vgl. dazu Kap. I zur Berufsbildungsreform).
Es sollte - so der Strukturplan des Deutschen Bildungsrates von 1970 - an ein allgemeinbildendes zehntes Schuljahr anknüpfen und in schulischer Form als erstes Ausbildungsjahr berufliche Grundbildung auf Berufsfeldbreite vermitteln.
Dem BGJ wurde damit eine wichtige Gelenkfunktion zwischen der Berufswahl/Berufsvorbereitung auf der einen Seite und der stärker spezialisierten Fachbildung im dualen System auf der anderen Seite zugeschrieben.

Wesentliche Ziele zu Beginn der Reform waren demzufolge:

- Verbesserung der Berufsentscheidung durch eine gestufte Berufswahl,
- Entspezialisierung der ersten Stufe beruflicher Bildung (Ziel: Grundbildung auf Berufsfeldbreite),
- Verzahnung von allgemeinbildenden und beruflichen Inhalten.

Dadurch sollten eine langfristige und flexible Verwertbarkeit der Qualifikation und eine bessere Interessensdurchsetzung der Facharbeiter in den Betrieben gewährleistet werden.

Seit dem Beschluß der Bund-Länder-Kommission von 1976, das BGJ bis 1982 auf über 120.000 Plätze auszubauen, steht es an erster Stelle aller berufsbildungspolitischer Maßnahmen.

Die Zielsetzungen und Inhalte des BGJ widersprachen jedoch von Anfang an den Ausbildungsinteressen der Einzelbetriebe. Besonders die breite, berufsfeldübergreifende Grundqualifikation und die Erweiterung der Allgemeinbildung unter staatlicher Regie (in der Berufsschule) stießen dabei auf erbitterten Widerstand. Unter dem Slogan "gegen eine Aushöhlung des bewährten dualen Systems und die Verschulung beruflicher Ausbildungsgänge" setzten die Betriebe ihre direkten Machtmittel ein - die sogenannte <u>"Anerkennungsfrage"</u> des BGJ wurde zum Dreh- und Angelpunkt der Auseinandersetzungen.

Hatten die Kultusminister in einer Rahmenvereinbarung von 1973 beschlossen, daß Jugendliche nach Besuch des BGJ von den Betrieben in das zweite Ausbildungsjahr zu übernehmen seien, so verweigerten die Betriebe nun in verstärktem Maße den Jugendlichen die einjährige Anrechnung des BGJ auf die Lehrzeit. 1978 hatten sie den gewünschten Erfolg: Die Anrechenbarkeit des BGJ wurde in den meisten Berufen auf ein halbes Jahr verkürzt. Gleichzeitig wurde die breit angelegte Grundbildung erheblich eingeengt und damit die Berufswahlmöglichkeiten verringert.

Mittlerweile hat sich die Situation so verschärft, daß die meisten BGJ-Absolventen von sich aus auf die Anrechnung verzichten, um überhaupt einen Ausbildungsplatz zu erhalten. In der Praxis geschieht das z.B. dadurch, daß sie unmittelbar vor Schuljahresende abgehen, somit kein Abschlußzeugnis erhalten und die Anrechenbarkeit wegfällt. Oder sie suchen sich einen Ausbildungsplatz in einem anderen Berufsfeld als dem im BGJ absolvierten. Auch damit ist die Anrechenbarkeit umgangen. Der einfachste Weg besteht jedoch noch immer darin, dem potentiellen Lehrherrn das BGJ zu verschweigen.

Das BGJ läßt sich heute zu Recht als ein "Musterfall für die Verkehrung bildungspolitischer Intentionen" bezeichnen (Hanesch u.a. 1979, S. 7).

Immer mehr Jugendliche besuchen nur deshalb das BGJ, weil sie keinen Ausbildungsplatz finden können und die Verlängerung der Schulpflichtzeit sie zur Ableistung eines 10. Bildungsjahres zwingt.

Im Mangel an Ausbildungsplätzen ist auch das zentrale Problem des BGJ zu suchen. Die anschließende Fachausbildung im dualen System kann nämlich nicht sichergestellt werden, so daß für die Jugendlichen nach dem BGJ erneut die Lehrstellensuche beginnt. Obwohl viele Jugendliche bereit sind auf die Anrechnung zu verzichten, finden immer weniger nach dem BGJ einen Ausbildungsplatz.

Das BGJ - ursprünglich als zukunftsweisender Schritt einer Qualitätsverbesserung des gesamten beruflichen Bildungswesens geplant - wird damit im Zuge der Jugendarbeitslosigkeit zum Lückenbüßer des dualen Systems.

Neben der schulischen Form des BGJ existiert in verschiedenen Bundesländern noch das sogenannte kooperative Berufsgrundbildungsjahr (BGJ-k). Diese auf Initiative der Wirtschaft zustandegekommene Form der Berufsgrundbildung findet in dualer Ausbildungsorganisation statt. Die Jugendlichen absolvieren den berufspraktischen Teil der Ausbildung in Betrieben und besuchen zusätzlich in der Regel zwei Tage pro Woche die Berufsschule.
Das BGJ-k ist eindeutig als Konkurrenz zum BGJ entstanden. Eine gegenüber dem schulischen BGJ noch engere berufliche Grundbildung (in "Berufsteilfeldern") sichert im BGJ-k einzelbetriebliche/branchenspezifische Qualifikationsbedürfnisse ab. Meist schon vor Beginn des BGJ-k müssen sich die Jugendlichen auf einen oder wenige verwandte Berufe festlegen - von einer breiteren Berufswahlmöglichkeit kann hier noch weniger als im BGJ die Rede sein.
Bei der Durchsicht der Berufsfelder, die das BGJ-k anbietet, fällt auf, daß hier ein überproportionaler Zuwachs minderqualifizierender zweijähriger Ausbildungsberufe zu verzeichnen ist. Den Hauptanteil am BGJ-k haben die Berufsfelder "Textil und Bekleidung", "Bau und Holz" sowie "Metall".

Der große Vorteil des BGJ-k besteht darin, daß die Jugendlichen einen Vertrag für die gesamte Ausbildungszeit, also auch für die anschließende Fachausbildung erhalten. Die Betriebe sind allerdings nur dann zur Übernahme ins zweite Lehrjahr verpflichtet, wenn die Jugendlichen das BGJ-k erfolgreich absolvieren.
Rein quantitativ hat das BGJ-k in der Praxis gegenüber dem BGJ-s eine geringere Bedeutung, in einzelnen Wirtschaftsregionen und Bundesländern wird es jedoch überwiegend angeboten.

1981/82 besuchten 94.245 Schüler das BGJ, davon 16.695 das BGJ-k. Ein weiterer Anstieg läßt sich - vor allem wegen des zunehmenden Ausbildungsplatzmangels - für die folgenden Jahre prognostizieren.
(Eine zahlenmäßige Übersicht zur Entwicklung des BGJ am Ende des Kapitels.)
Zu den Übergangsquoten in Ausbildungsverhältnisse nach dem BGJ liegen noch keine bundesweiten Untersuchungen vor. Man kann aber davon ausgehen, daß bis etwa 1982 die Mehrheit der Absolventen einen Ausbildungsplatz fand. Seitdem hat sich die Situation jedoch drastisch verschlechtert:

Aktuell findet sich mindestens die Hälfte der Jugendlichen im BGJ nach Abschluß auf der Straße wieder.

Entwicklung der beiden Formen des Berufsgrundbildungsjahres

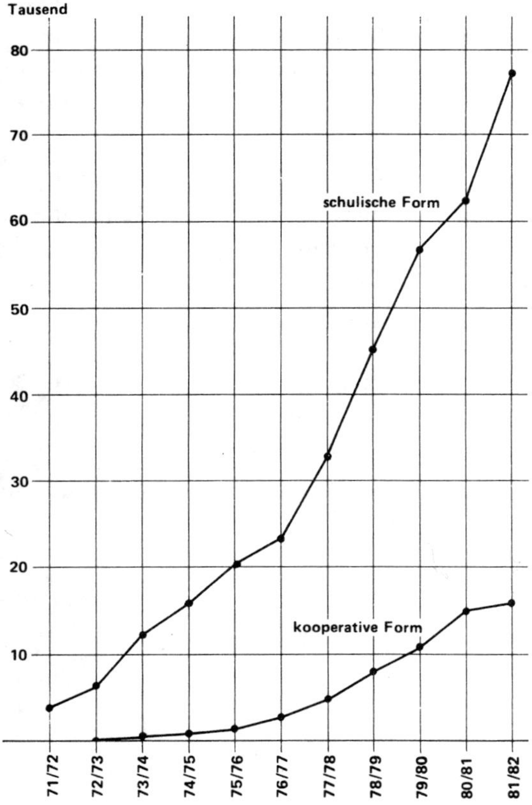

Das Berufsvorbereitungsjahr (BVJ) - Grauzone der Hilfsarbeiterproduktion

Seit 1975 wird an den Berufsschulen das sogenannte Berufsvorbereitungsjahr (BVJ) angeboten. In einigen Bundesländern ist das BVJ als Teil des 10. Bildungsjahres für Jugendliche ohne Ausbildung eine mögliche Alternative, die verlängerte Pflichtschulzeit abzuleisten (zu den Regelungen in den einzelnen Bundesländern vgl. M a t e r i a l a n h a n g).
Gesetzliche Grundlage dieser sogenannten Sonderform des Berufsgrundbildungsjahres für bestimmte Zielgruppen bildet die Rahmenvereinbarung der Kultusministerkonferenz über das Berufsgrundbildungsjahr vom 06.09.1973. Darin ist die Schaffung besonderer Einrichtungen vorgesehen "für Jugendliche, die durch ein Berufsgrundbildungsjahr ... nicht ausreichend gefördert werden können." (Kultusministerkonferenz, zit. nach Braun/ Drexel, 1979)

Mit dem Anwachsen der Jugendarbeitslosigkeit veränderte sich jedoch die Zielintention des BVJ.
Sowohl das Bundesministerium für Bildung und Wissenschaft als auch die Arbeitgeber definierten das BVJ ursprünglich als Vorbereitungsmaßnahme beruflicher Ausbildung. Durch den Ausgleich vor allem allgemeinbildender schulischer Defizite sollte für Sonderschüler und Hauptschüler ohne Abschluß eine Integration in das duale Ausbildungssystem bzw. in das Berufsgrundbildungsjahr ermöglicht werden.
Die offizielle Zielsetzung hat sich bis heute nicht geändert. In einer Broschüre des Frankfurter Arbeitsamtes für die Schulabgänger 1983 heißt es:

"Im Berufsvorbereitungsjahr sollen die Schüler soweit gefördert werden, daß sie ihre beruflichen Neigungen und Fähigkeiten besser erkennen und befähigt sind, eine Ausbildung aufzunehmen oder das Berufsgrundbildungsjahr mit Aussicht auf Erfolg zu besuchen." (Arbeitsamt Frankfurt 1982, S. 20)

Die Schwerpunkte haben sich jedoch längst verschoben. Bereits 1976 forderte die Abteilung Bildung und Gesellschaftswissenschaften der deutschen Arbeitgeberverbände, daß die Sonderformen des Berufsgrundbildungsjahres wie das BVJ "nicht zur Berufsgrundbildung im engeren Sinne gehören. Es handelt sich vielmehr um vorberufliche bzw. berufsvorbereitende Maßnahmen auf einer elementaren Stufe, die vielfach nicht der Berufsausbildung zuzurechnen ist." (nach Bunk/Zedler 1976, S. 51) Das Kultusministerium in Rheinland-Pfalz konkretisierte die veränderte Zielrichtung des BVJ mit der Formulierung "... Mindestziel des Sonderberufsgrundbildungsjahres ist die Erwerbsreife. Daher steht die Vermittlung praxisbezogener Grundkenntnisse eines breiten Tätigkeitsbereiches im Vordergrund." (Kultusministerium Rheinland-Pfalz, 1976, S. 49)

In Bayern heißt das BVJ 'Berufsgrundbildungsjahr für Jungarbeiter' (BGJJ) und in Bremen 'Arbeitsvorbereitungsjahr' (AVJ). Solche Formulierungen machen den Funktionswandel des BVJ deutlich: Nicht mehr als Berufs<u>vorbereitung</u>, sondern zunehmend als Berufsausbildungs<u>ersatz</u> wird das BVJ angeboten.

Das schlägt sich vor allem bei den Inhalten nieder, die sich an den Qualifikationserfordernissen für Hilfsarbeiter orientieren. Arbeitstugenden wie Durchhaltevermögen, Ordnung und Fleiß stehen obenan bei der Neuorientierung des BVJ. Auch wenn sich die Vermittlung solcher Inhalte im Schulalltag als außerordentlich schwierig erweist - die Schüler sind schulmüde und kaum noch zu motivieren - so ist doch an der staatlichen Intention, das BVJ auf die Produktion von Hilfsarbeitern auszurichten, kaum zu zweifeln. Dies wird noch durch eine andere Regelung offenkundig: Damit das Angebot an 16 und 17jährigen Hilfsarbeitern von den Betrieben auch optimal genutzt werden kann, handhaben mittlerweile alle Bundesländer die ursprünglich dreijährige Berufsschulpflicht äußerst flexibel.

Jugendliche, die nach dem BVJ keinen Ausbildungsplatz erhalten, werden automatisch oder auf Antrag von der Berufsschulpflicht befreit (vgl. M a t e r i a l a n h a n g).

Die IG Metall protestierte schon 1978, daß hier der Gesetzgeber "in Einzelfällen dem Druck der Arbeitgeber mit dem Ziel der Verfügung über billige und disponible Hilfsarbeiter nachgibt." (Preiss in FR vom 26.10.1978)
Von Einzelfällen kann allerdings mittlerweile keine Rede mehr sein. Derzeit besuchen über 50.000 Jugendliche das BVJ, die Tendenz ist steigend (Zahlen zur quantitativen Entwicklung in Tab. 4).

Genaue Zahlen zum anschließenden Übergang in eine Berufsausbildung liegen zwar bisher nicht vor, doch lassen alle Anzeichen darauf schließen, daß die Chancen der Jugendlichen nicht sehr groß sind. So stellte das Kultusministerium Rheinland-Pfalz bereits 1976 im Hinblick auf die Neuorientierung des BVJ fest: "Die sinnvolle Eingliederung in die berufliche Arbeitswelt gelingt dann zu 80 bis 90 Prozent ... Der größte Teil mündet in eine Helfertätigkeit in Produktions- und Dienstleistungsbetrieben ein." (Kultusministerium Rheinland-Pfalz, 1976, S. 202)
In einer Modellrechnung für das Jahr 1979/80 geht das BIBB davon aus, daß die Hälfte der BVJ-Absolventen direkt als Jungarbeiter in ein Arbeitsverhältnis einmünden, 30% einen Ausbildungsplatz erhalten und 20% weiter ins BGJ oder eine Berufsfachschule gehen (vgl. djp - jugendpressematerialien, 1981, S. 16).
Diese Zahlen sind überholt. Derzeit muß davon ausgegangen werden, daß nicht mehr als 10% der BVJ-Absolventen einen Ausbildungsplatz erhalten.

Noch problematischer wird das BVJ durch die Stigmatisierung der Teilnehmer. Waren zuerst "Schulabsolventen ohne Hauptschulabschluß" Zielgruppe der Maßnahme, so werden dieselben Jugendlichen jetzt - ähnlich wie bei manchen berufsvorbereitenden Maßnahmen der Bundesanstalt für Arbeit - als "Lerngestörte", "Ausbildungsunreife", ja sogar als "Behinderte" definiert:

"In das Berufsvorbereitungsjahr können Jugendliche aufgenom-

men werden, die ... aufgrund ihrer körperlichen und/oder geistigen Entwicklung nicht oder noch nicht in der Lage sind, eine berufliche Ausbildung zu beginnen." (Der Hessische Kultusminister, 1982, S. 9)
"Mit den Sonderformen des Berufsgrundbildungsjahres muß zuerst versucht werden, die lernbehinderten oder lerngestörten Jugendlichen arbeitsfähig zu machen." (Halbergerhütte GmbH, o.J.)

Die Perspektivlosigkeit des BVJ und die einhergehende Stigmatisierung hat natürlich Konsequenzen im Schulalltag: Zahllose Lehrer und Wissenschaftler berichten in den letzten Jahren von einem BVJ-Alltag, welcher für Schüler und Lehrer eine Extrembelastung darstellt.
Selbst eine offizielle vom Bund und dem Land Nordrhein-Westfalen in Auftrag gegebene Untersuchung zum BVJ kommt zu dem niederschmetternden Ergebnis:

"... kann von einem Erfolg des Jahres nicht die Rede sein", ja es dränge "sich eher auf, von einer pädagogischen Katastrophe mit noch unsicherer gesellschaftlicher Auswirkung zu reden." (Spieß u.a., 1981)

Das 10. Hauptschuljahr - verbesserte Chancen?

Das 10. Hauptschuljahr ist - wie eingangs dieses Kapitels dargestellt - aus der ursprünglichen Forderung nach einem zehnten allgemeinbildenden Schuljahr an der integrierten Gesamtschule entstanden.
Gegen diese Vorstellungen aus dem Bildungsgesamtplan von 1973 machten sowohl die unionsregierten Länder als auch die Arbeitgeberverbände von Anfang an Front.
Das zehnte allgemeinbildende Schuljahr für alle wurde ersetzt durch das 10. Bildungsjahr.

Je nach Bundesland wird das 10. Bildungsjahr an der Berufsschule, an der Hauptschule oder wahlweise an Berufs- und Hauptschulen angeboten.
Oft ist das 10. Bildungsjahr nur für diejenigen Schüler obligatorisch, die nach Beendigung der neunjährigen Vollzeitschulpflicht keinen Ausbildungsplatz erhalten haben (zu den Regelungen in den einzelnen Bundesländern siehe M a t e r i a l - a n h a n g).
Dies gilt beispielsweise für Hessen. Das 10. Bildungsjahr kann hier wahlweise an der Berufsschule (BGJ, BVJ) oder in einer 10. Hauptschulklasse abgeleistet werden.
Das Frankfurter Arbeitsamt schreibt dazu:
"Das 10. Hauptschuljahr ist ein Angebot zur Weiterbildung, das an alle Jugendlichen gerichtet ist, die den Hauptschulabschluß erreicht, aber keine Ausbildungsstelle gefunden haben oder die ihre Allgemeinbildung noch erweitern oder verbessern wollen. Das Schwergewicht dieses Schuljahres liegt auf einem praxisbezogenen Unterricht (z.B. Arbeitslehre/Polytechnik) und soll intensiv auf den Start ins Berufsleben und auf das Erwachsenwerden vorbereiten." (Arbeitsamt Frankfurt, 1982, S. 23)

Die Hessische Lehrerzeitung kommentierte die Einführung des 10. Hauptschuljahres folgendermaßen:
"Was soll denn dort unterrichtet werden? Das achte Schuljahr ist ein verlängertes siebtes, das neunte ein verlängertes achtes und nun soll das 10. Schuljahr das neunte verlängern. So geht das doch nicht. Wir brauchen doch endlich eine neue Konzeption ab dem siebten Schuljahr. Bevor wir die nicht haben, was soll da ein inhaltsleeres zehntes.! Unsere Hauptschule ist für was anderes als Reden und Schreiben nicht eingerichtet - berufsvorbereitende Inhalte, daß ich nicht lache!"
(Hessische Lehrerzeitung, 11/77, S. 15)

Kritisiert wird das 10. Hauptschuljahr vor allem auch wegen seines offenkundigen Selektionscharakters. In Nordrhein-Westfalen gibt es im 10. Hauptschuljahr sowohl einen Hauptschulabschluß A als auch einen Hauptschulabschluß B.

Schon im neunten Schuljahr erhalten 'gute' Schüler einen 'Verstärkungsunterricht' (vor allem im Fremdsprachenbereich), der die Voraussetzung für die Teilnahme am 10. Hauptschuljahr Typ A ist. Typ A führt zu einem 'qualifizierten' Hauptschulabschluß.
Der Hauptschulabschluß in Typ B entspricht dem alten neunjährigen Abschluß; ihn erreichen im 10. Hauptschuljahr wohl eher die leistungsschwächeren Schüler.
In Hessen wird sowohl der 'Realschulabschluß - in der 10. Hauptschulklasse', der 'erweiterte Hauptschulabschluß' als auch der alte 'neunjährige Hauptschulabschluß' vergeben.

Gegen diese weitere Differenzierung in der Hauptschule protestierte die GEW-Berlin:
"Die unter dem Aspekt der sozialen Integration pädagogisch einschneidendste Maßnahme ist die, daß man getreu dem Selektionsgedanken die schwächeren Schüler von den vermeintlich leistungsstärkeren separiert." (GEW-Landesverband Berlin, 1979, S. 9)

Was dies für die Schüler konkret bedeutet, beschreibt ein niedersächsischer Bildungsforscher folgendermaßen:
"Eine nochmalige Selektion der leistungsstarken Schüler, die im zehnten Jahr den Realschulabschluß erwerben wollen, führt zu

Konkurrenzdruck und Leistungsstreß schon in der neunten Hauptschulklasse ... Die Dummen dabei sind die 'einfachen' Hauptschüler, die es nicht schaffen oder die auf der Strecke bleiben, die fühlen sich als der letzte Dreck, - als Versager, weil sie zu faul oder zu dumm waren." (Goos, 1977)

Das 10. Hauptschuljahr wird bundesweit von über 80.000 Schülern besucht (Zahlen zur quantitativen Entwicklung in Tab. 4). Repräsentative Zahlen zu den Übergangsquoten in Ausbildungsverhältnisse liegen bisher nicht vor. Bis Anfang der achtziger Jahre konnte etwa die Hälfte der Absolventen mit einem Ausbildungsplatz rechnen. Mittlerweile hat sich die Situation jedoch drastisch verschlechtert.
Erfahrungsberichte zeigen, daß die Teilnahme am 10. Hauptschuljahr bestenfalls für diejenigen verbesserte Chancen auf eine Lehrstelle bedeutet, die zusätzliche Zertifikate erwerben (erweiterter Hauptschulabschluß o.ä.).

Das vorberufliche Bildungswesen im Überblick

Nach der relativ ausführlichen Darstellung der einzelnen schulzeitverlängernden bzw. berufsvorbereitenden Maßnahmen im Rahmen des 10. Bildungsjahres soll im folgenden der gesamte Bereich des vorberuflichen Bildungswesens noch einmal veranschaulicht werden.
Zunächst eine Tabelle zur quantitativen Entwicklung der einzelnen Maßnahmen:

Tab. 4: Quantitative Entwicklung des vorberuflichen Bildungswesens+

Jahr	Maßnahmetyp				
	BGJ s/k	BVJ	10. HSJ	BA-Kurse	Summe
73/74	12.616	4.516		12.967	30.099
74/75	17.108	6.145		23.606	46.859
75/76	21.546	13.030		35.934	70.510
76/77	25.757	24.751		34.553	85.061
77/78	37.904	29.541	33.004	31.777	132.226
78/79	52.993	44.797	38.012	27.276	163.078
79/80	67.305	48.854	42.935	38.769	197.863
80/81	77.960	46.091	57.598	33.963	215.612
81/82	94.245	46.582	82.841	35.100	258.768

+ Die Zahlen stammen aus den jährlichen Berufsbildungsberichten des BMBW (BVJ; BGJ) den monatlich erscheinenden 'Amtlichen Nachrichten der Bundesanstalt für Arbeit' und den 'Statistischen Veröffentlichungen der Kultusministerkonferenz'.

Aus der Tabelle geht hervor, daß sich die Zahl der Jugendlichen in schulzeitverlängernden bzw. berufsvorbereitenden Maßnahmen seit 1973 - vor dem Beginn der Jugendarbeitslosigkeit - bis Anfang der achtziger Jahre beinahe verzehnfacht hat.

Von den etwa 700.000 Jugendlichen, die z.Zt. jedes Jahr als Absolventen der Sekundarstufe I (Sonder-, neunjährige Hauptschule oder Realschule) Ausbildungsplätze im dualen System nachfragen, werden mittlerweile fast 300.000 erst einmal für ein weiteres Jahr in die Schule bzw. eine berufsvorbereitende Maßnahme geschickt.

Legt man bei den einzelnen Maßnahmen die durchschnittlichen Übergangsquoten in Ausbildungsverhältnisse zugrunde, so kann man grob geschätzt davon ausgehen, daß höchstens ein Drittel dieser Jugendlichen (im BGJ und im 10. HSJ vielleicht etwas mehr, bei den Maßnahmen der Bundesanstalt und beim BVJ erheblich weniger) nach diesem einjährigen Umweg doch noch in einem Ausbildungsverhältnis des dualen Systems landet.

Das heißt aber umgekehrt, daß z.Zt. - bei steigender Tendenz - jährlich fast 200.000 Jugendliche aus dem 10. Bildungsjahr entlassen werden und ohne jede weitere berufliche Qualifizierung bleiben.

<u>Jeder vierte Jugendliche, der die Sekundarstufe I beendet und keine weiterführende Schule (Gymnasium, Berufsfachschulen) besucht, wird am dualen System vorbei zum Hilfsarbeiter dequalifiziert.</u>

Das folgende Schaubild verdeutlicht diesen Zusammenhang.
Unser Schaubild stellt eine Verallgemeinerung und Vereinfachung dar. Die Praxis ist komplizierter und das vorberufliche Bildungswesen gewinnt für die betroffenen Jugendlichen immer mehr den Charakter eines Labyrinths.
Das fängt damit an, daß die entsprechenden Regelungen zum 10. Bildungsjahr in jedem Bundesland anders sind.
Dazu kommt, daß die einzelnen Maßnahmen zwar für bestimmte Zielgruppen gedacht sind (vgl. Schaubild), aber vor Ort selten alle Maßnahmen tatsächlich alternativ angeboten werden. In der Praxis landen die Jugendlichen oft in der Maßnahme, die in ihrem Schul- bzw. Arbeitsamtsbezirk zufällig angeboten wird bzw. wo gerade Plätze frei sind.

Außerdem können die Maßnahmen teilweise auch nacheinander besucht werden. Beispielsweise wechseln immer mehr Jugendliche

Schaubild 2 : Das vorberufliche Bildungswesen und die Übergangschancen seiner Absolventen

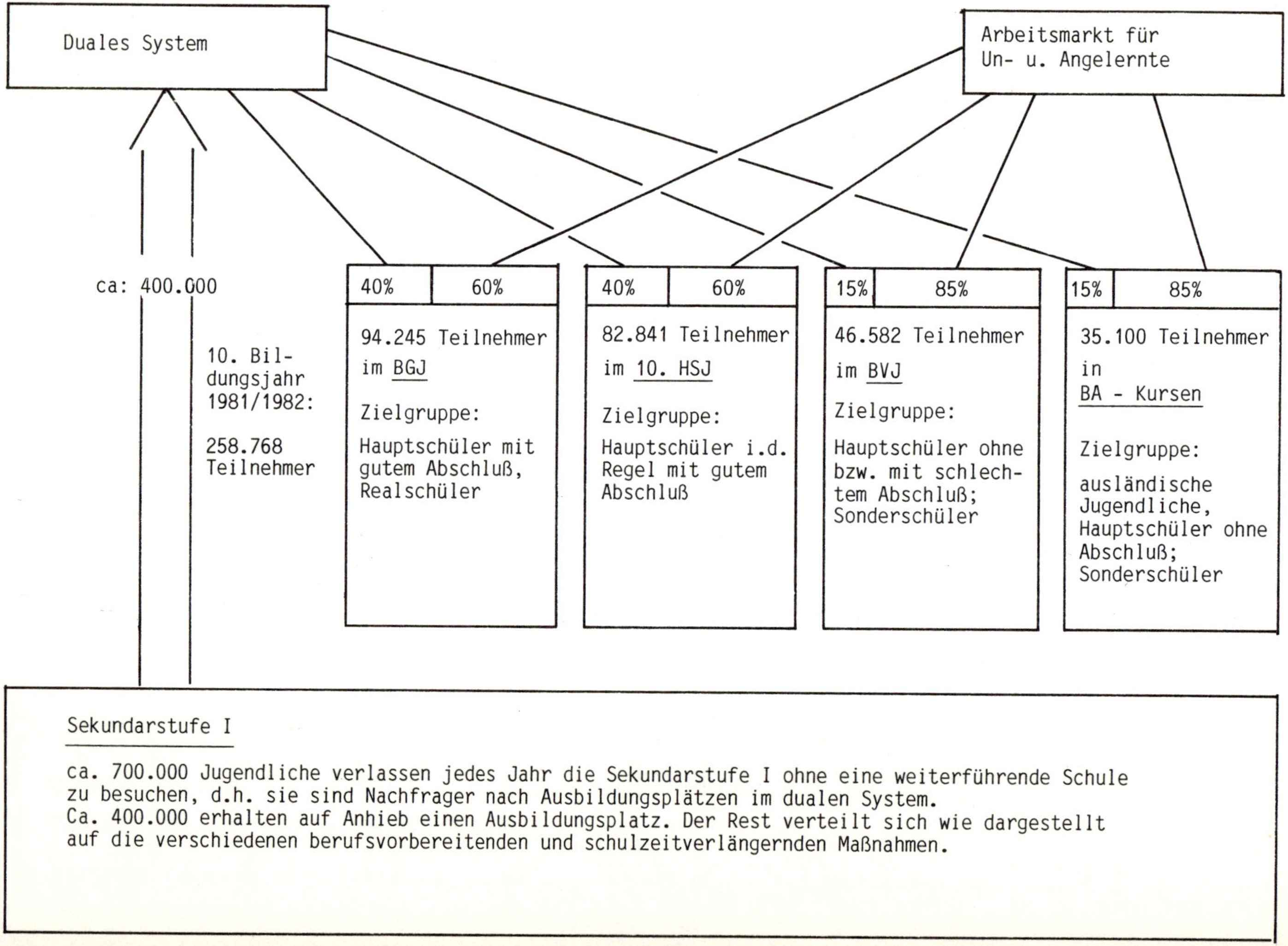

nach einem BVJ ins BGJ. Das fällt dann allerdings nicht mehr unter die Regelung der Pflichtschulzeitverlängerung im Rahmen des 10. Bildungsjahres, sondern ist "freiwillig". Für die betreffenden Jugendlichen ist das jedoch oftmals die einzige Alternative zur Arbeitslosigkeit bzw. die letzte Hoffnung, doch noch einen Ausbildungsplatz zu erhalten.

Ein weiterer Punkt, der die Komplexität des vorberuflichen Bildungswesens verstärkt, ist die Selektion, die durch die Vergabe unterschiedlicher Zertifikate vorgenommen wird.
So kann im 10. Hauptschuljahr teilweise der Realschulabschluß oder ein erweiterter Hauptschulabschluß erworben werden.
Auch in einigen Kursen der Bundesanstalt für Arbeit wird die Möglichkeit zum nachträglichen Erwerb des Hauptschulabschlusses geboten.
Ebenso wird bei erfolgreichem Abschluß des BGJ und in manchen Ländern auch des BVJ der Hauptschulabschluß zuerkannt.

Zusätzliche Verwirrung stiften die Differenzierungen in den Maßnahmen selbst. So hat Hessen mit dem Schuljahr 1982/83 das BVJ in ein BVJ-A und ein BVJ-B unterteilt.
Ins BVJ-B, das keinerlei Zertifikatserwerb erlaubt, werden überwiegend ausländische Jugendliche abgeschoben.

Schließlich ist als vorläufig jüngste Ersatzmaßnahme für eine qualifizierte Ausbildung und Beschäftigung das sogenannte 'Berufspraktische Jahr' zu nennen.
Ziel dieser Arbeitgeberinitiative ist es, Jugendliche, die das 18. Lebensjahr überschritten haben und weder Ausbildungs- noch Arbeitsplatz finden können, "vorübergehend Einblick und Teilhabe am betrieblichen Arbeitsgeschehen" zu ermöglichen (so die deutschen Arbeitgeberverbände).
Dieses Probejahr für arbeitslose Jugendliche scheinen die deutschen Arbeitgeber aus England importiert zu haben. Dort arbeiten Jugendliche seit Jahren ohne Lohn und Arbeitsplatzgarantie "auf Probe".
In der Praxis wird das 'Berufspraktische Jahr' für die Betroffenen nur eine Verlängerung der Umleitungen und Irrwege sein, die sie an einer qualifizierten Ausbildung und Beschäftigung vorbeiführen. Da die meisten Jugendlichen mit 18 Jahren bereits eine

berufsvorbereitende Maßnahme durchlaufen haben, kann diese Arbeitgeberinitiative nur zwei Zielsetzungen verfolgen: Einerseits wird damit die Perspektivlosigkeit eines immer größer werdenden Teils arbeitsloser Jugendlicher verschleiert. Für ein Jahr verschwinden die Jugendlichen aus den Arbeitslosenstatistiken. Andererseits erhalten die Betriebe durch das 'Berufspraktische Jahr' billige Arbeitskräfte verbunden mit der nochmaligen Möglichkeit der Selektion: Jugendliche aus berufsvorbereitenden Maßnahmen können sich im Betrieb ein Jahr lang "bewähren" - als Belohnung winkt eine Hilfsarbeiterstelle.

Daß diese Einschätzung über das 'Berufspraktische Jahr' nicht verfrüht sein dürfte, zeigen die Leitlinien, unter nahme ausgebaut werden soll:
Einheitliche Grundlage des Arbeitgeberangebots ist,

- daß sämtliche Kosten durch die Bundesanstalt für Arbeit gedeckt werden,
- ein Verzicht auf eine Übernahmeverpflichtung ausdrücklich genannt wird,
- detaillierte Inhalte für das Jahr nicht vorgegeben werden.

Zum letzten Punkt formulieren die Arbeitgeber naßforsch: "Detaillierte Regelungen und Beschreibungen der Berufsvorbereitung würden weder den Möglichkeiten der Betriebe noch den unterschiedlichen Bedürfnissen der jugen Menschen gerecht." (BDA-Aufruf, Aktion "Jugend und Beruf 1983")

Kommentar der IG Metall zu dem Berufspraktischen Jahr: "Diese Initiative wird das Ziel gewerkschaftlicher Bildungspolitik - eine qualifizierte Ausbildung für alle - auf lange Sicht unterlaufen ..." (IG Metall, 1983, S. 5)

Maßnahme»karrieren«: Im Labyrinth des 10. Bildungsjahres

Wenn von einem Labyrinth der Maßnahmen gesprochen wird, dann ist damit nicht nur die Fülle der unübersichtlichen Organisationsformen in der Berufsvorbereitung gemeint.
In der Praxis der Maßnahmen werden immer mehr Jugendliche um ihre Hoffnungen betrogen - wenn der mühsame Weg einjährigen "berufsvorbereitenden" Arbeiten und Lernens geschafft ist, beraten zuständige Stellen die Jugendlichen oft erneut in eine berufsvorbereitende Maßnahme.
Findet sich trotz erfolgreichem Abschluß beispielsweise des Berufsvorbereitungsjahrs keine Lehrstelle, werden Jugendliche immer häufiger ins Berufsgrundbildungsjahr weitervermittelt, selbstverständlich auch dann ohne Garantie einer Anschlußausbildung.

Für die Jugendlichen selbst bedeutet dieser Verschiebebahnhof von einer Maßnahme zur anderen die Zerstörung auch der letzten Berufswünsche. Lehrer in Maßnahmen des 10. Bildungsjahres berichten häufig, daß ihre Schüler eines oft sehr schnell lernen: Individuelles Bemühen, Erfolge wie das Nachholen des Hauptschulabschlusses oder das Erlernen beruflicher Grundkenntnisse sind häufig nutzlos, genügend besser qualifizierte Bewerber gibt es am Ende der Maßnahmen immer noch.

Trotz dieser Desillusionierung besuchen zunehmend mehr Jungen und Mädchen verschiedene Maßnahmen hintereinander. Oft ist es nicht mehr die Hoffnung auf eine Lehrstelle, die sie erneut in eine berufsvorbereitende Maßnahme treibt; eher ist es die Angst vor der Arbeitslosigkeit, der Reaktion von Eltern, Verwandten und Gleichaltrigen.
Berufsschullehrer und Sozialarbeiter schildern die unglaublichsten Maßnahme'karrieren' einzelner Schüler; entsprechende offizielle Untersuchungen und Statistiken sind allerdings nicht bekannt.

An einer Schülerin und einem Schüler aus einer nordhessischen Kleinstadt wollen wir exemplarisch aufzeigen, welche Wege durch das Labyrinth der Schulzeitverlängerung und berufsvorbereitenden Maßnahmen führen können.
Ein Berufsschullehrer schildert die "Karrieren" von Erika und Bernd.

Auf Umwegen in den Supermarkt

Erika beendet mit 15 Jahren die Hauptschule mit einem guten Abschluß (2,0). Durch den Einfluß ihrer fünf Jahre älteren Schwester, die in der nahen Kleinstadt bei einer Versicherung arbeitet, möchte sie einen kaufmännischen Beruf erlernen. Da sie in einer ländlichen Region wohnt, ist sie auch bereit, täglich 30 km in die nächste Stadt zur Ausbildung zu fahren.

Ihre Schwester setzt drei Anzeigen in die örtliche Zeitung, Erika bewirbt sich 24 mal - immer bekommt sie Absagen.
Viele Firmenchefs bedeuten ihr, daß sie mindestens Realschulabschluß oder erste Berufskenntnisse haben müßte, um eine Ausbildung beginnen zu können.
Da Erika bis zu den Sommerferien keine Ausbildungsstelle gefunden hat, muß sie ein 10. Pflichtbildungsjahr absolvieren. Am liebsten wollte sie dies im 10. Hauptschuljahr machen, hier erhoffte sie sich die Chance, den Realschulabschluß nachzuholen.
In ihrem Schulbezirk wird jedoch kein 10. Hauptschuljahr angeboten - in ganz Hessen gibt es insgesamt nur ca. 1.000 Plätze.
Erika ist also gezwungen, das 10. Bildungsjahr in einer berufsschulischen Maßnahme zu absolvieren. Da sie einen guten Hauptschulabschluß hat, wird sie ins Berufsgrundschuljahr (BGJ) aufgenommen. Sie hat zusätzlich "Glück", denn an ihrer Berufsschule gibt es das Berufsfeld "Wirtschaft und Verwaltung", leise Hoffnungen bezüglich ihres Berufswunsches 'Industriekauffrau' kommen wieder auf.

In dem Berufsgrundbildungsjahr arbeitet sie sehr engagiert, schließt mit dem zweitbesten Ergebnis ab.
Schon während des Schuljahres (1982) startet sie vier Bewerbungen, erneut ohne Erfolg.
Auf Drängen der Eltern und nun auch der Schwester bewirbt sie sich jetzt auch in anderen Ausbildungsberufen. Durch persönliche Kontakte der Mutter bekommt sie schließlich eine Lehrstelle im örtlichen Supermarkt als Verkäuferin. Allerdings - das hat man ihr deutlich zu verstehen gegeben - muß sie auf die Anrechnung des Berufsgrundbildungsjahres auf die Lehre verzichten.
Erika muß also mit ihren 17 Jahren trotz Grundkenntnissen in "Wirtschaft und Verwaltung" noch eine volle Lehrzeit als Verkäuferin hinter sich bringen.
Vergleichbar mit Jugendlichen aus ihrem Dorf hat sie noch "Glück" gehabt, obwohl sie diesen Beruf nicht erlernen wollte.

Berufsvorbereitung zum Hilfsarbeiter

Bernd ist zusammen mit Erika in die Hauptschule gegangen. Mehrere Jahre hat er in einem Heim gelebt, seine Eltern sind geschieden, die letzten Jahre der Hauptschule lebte er wieder bei seinem Vater und seiner Stiefmutter.
In der Hauptschule hat er große Schwierigkeiten im Verhaltensbereich, am Ende reicht es gerade noch für einen schlechten Hauptschulabschluß. Die Lehrer bescheinigen ihm jedoch ausdrücklich ein gutes Lernvermögen dann, wenn er aufgeschlossen und interessiert ist.

Seit der achten Klasse trifft dies insbesondere auf sein Hobby zu - er ist begeisterter Radiobastler und findet hier auch Anerkennung bei seinen Mitschülern.
Da er mit seinem schlechten Hauptschulzeugnis keine Lehrstelle findet, muß er das 10. Bildungsjahr im Berufsvorbereitungsjahr (BVJ) absolvieren. Er durchläuft das Berufsfeld "Metalltechnik".

Aufgespießt

„... mir aber schreibt die Gewerkschaft vor, wieviel Taschengeld ich Dir geben muß. Da dieses Taschengeld ziemlich hoch ist, ist dies ein Grund mit, daß viele Jugendliche keine Ausbildung bekommen können ... Strenge Dich weiter in der Schule an, melde Dich beim Arbeitsamt, verfolge weiter die Zeitungsanzeigen, höre Dich bei Bekannten um, gib selbst 'mal eine Anzeige auf, verliere nicht gleich den Mut. Alles, was gut ist, fliegt einem nicht gebraten in den Mund — man muß schon etwas dafür tun. Ich wünsche Dir viel Glück ...“

Die Firma „Metallbau Seriot, Schweißfachbetrieb“ in Münster in Absageschreiben an etwa 40 Jugendliche, die sich auf eine Anzeige hin um eine Lehrstelle beworben hatten.

Aus: Frankfurter Rundschau v. 19.4.83

Obwohl Bernd in dem Berufsschuljahr seine Lerndefizite besonders in Mathematik wegen der katastrophalen Schulsituation (39 Schüler/Werkstattplätze für ca. 15 Schüler) kaum verbessert, lehrt ihn der Maßnahmealltag eins:
Seinen Berufswunsch "Radio-Fernsehtechniker" muß er aufgeben, die Lehrer, der Berufsberater und auch der Vater erklären ihm die Chancenlosigkeit, seinen "Traumberuf" zu verwirklichen.

Bernd bewirbt sich über 20 mal in einer Reihe von Metallberufen (Schlosser, Dreher, Schweißer, Fräser); ohne Erfolg.

Das Arbeitsamt bietet ihm an, noch das Berufsgrundschuljahr (BGJ) zu besuchen. Bernd hat jedoch enorme Aggressionen gegen alles 'Schulische'. Lieber arbeitslos als nochmals vergebens die Schulbank drücken, ist jetzt seine Devise.
Durch einen Zeitungsartikel über arbeitslose Jugendliche auf dem Lande wird Bernds Situation im Dorf und der Umgebung bekannt.
Der Betrieb, in dem Bernds Vater arbeitet, verspricht "Hilfe". Er bietet ihm eine Stelle als Hilfsarbeiter auf dem Bauhof an, allerdings nur unter der Bedingung, daß Bernd sich von der Berufsschulpflicht befreien läßt.
Da dies in Hessen auf Antrag möglich ist (vgl. M a t e r i a l a n h a n g), erhält Bernd ohne Probleme die Stelle.

17 Jahre alt, zehn Jahre Schulbesuch, begeisterter Radiobastler - ein Hilfsarbeiter auf dem Bauhof ohne berufliche Qualifizierung und Perspektive.

V Die Entwicklung des Berufsbildungssystems: Jedem eine Chance?

Im vorangegangenen Kapitel haben wir aufgezeigt, welche Fülle von berufsvorbereitenden Maßnahmen sich entwickelt hat. Gleichzeitig wurde deutlich, daß eine Reihe davon statt Vorbereitung eher Ersatz einer Ausbildung ist.

Auch das System der dualen Berufsausbildung selber, die traditionelle Facharbeiterausbildung, hat sich in den letzten Jahren verändert.
Ähnlich wie im Bereich der berufsvorbereitenden Maßnahmen ist eine Differenzierung eingetreten, die deutlich hierarchische Züge trägt, was das Qualifikationsniveau und damit die Beschäftigungschancen der einzelnen Ausbildungsgänge betrifft.

Grob vereinfacht hat sich ein Ausbildungssystem oberhalb und unterhalb der traditionellen Facharbeiterausbildung entwickelt.

Am Beispiel der Sonderausbildungsgänge/Berufsakademien für Abiturienten und der zweijährigen Kurzausbildungen für Sonder- und Hauptschüler wollen wir diese 'Ober- und Unterbühne' des dualen Systems aufzeigen.

Ausgeklammert bleibt in diesem Kapitel die Entwicklung der dreijährigen Facharbeiterausbildung, nach wie vor der Kern des dualen Systems.
Die erheblichen qualitativen und quantitativen Unterschiede innerhalb der dreijährigen Facharbeiterausbildung haben wir schon in Kapitel I und II aufgegriffen.
Am Schluß dieses Kapitels wird die Entwicklung des gesamten Berufsausbildungssystems nochmals zusammengefaßt und in ein Schaubild gekleidet.

Abiturientenausbildung: Der Königsweg des dualen Systems

Die Geschichte der Sonderausbildungsgänge für Abiturienten im dualen System reicht zurück in die Zeit der Studentenbewegung und Hochschulreform. Mit dem Argument, Hochschulausbildungen seien praxisfremd, ideologisch überfrachtet und von der Studiendauer her zu lang, forderte die Wirtschaft schon Anfang der 70er Jahre "wirtschaftsnahe Alternativen".

Seit Gründung der ersten Berufsakademien in Baden-Württemberg 1974 haben private Initiativen zur Übertragung des dualen Systems auf die Ausbildung von Abiturienten kontinuierlich zugenommen.
1982 wurden in rund 800 Unternehmen etwa 6.000 Abiturienten ausgebildet, das Institut der deutschen Wirtschaft rechnet mit einem erheblichen Aufwärtstrend in den nächsten Jahren (vgl. Institut der deutschen Wirtschaft, 1982).

Bei Sonderausbildungsgängen für Abiturienten sind zu unterscheiden:
Innerbetriebliche Ausbildungsgänge, Ausbildung in Kooperation mit Verwaltungs- und Wirtschaftsakademien und Ausbildungsgänge in den sogenannten Berufsakademien.

Angeboten werden kaufmännisch-betriebswirtschaftliche Berufe, Ingenieurberufe, technische Assistentenberufe und auch sozialpädagogische Berufe.

Alle Ausbildungen dauern im Durchschnitt drei Jahre. Die Ausbildung findet wie im dualen System an unterschiedlichen Lernorten statt:
Der praxisbezogene Teil in den beteiligten Betrieben, der Theorieunterricht in den Akademien/Berufsakademien.

Besonders die Entwicklung und der Ausbau der Berufsakademien macht deutlich, daß die Wirtschaft sich hier eine Alternative zu staatlichen Fachhochschulstudiengängen geschaffen hat, in der sie ihre Interessen bezüglich der Ausbildung direkter durchsetzen kann.

Obwohl beispielsweise die Kosten für die Berufsakademien vollständig vom Staat getragen werden, liegt die Entscheidung über die Ausbildungsinhalte faktisch bei den beteiligten Betrieben.
Die praktische Ausbildung in den (Groß)betrieben ist zudem sehr spezifisch auf die einzelbetrieblichen Qualifikationsbedürfnisse zugeschnitten - mit Sicherheit ein Handicap der Absolventen, wenn sie nach Abschluß den Betrieb wechseln wollen.

Dennoch herrscht enormer Andrang zu der Abiturienten-Berufsausbildung:
Im Durchschnitt bewerben sich 20 Bewerber um einen Ausbildungsplatz (1982).
Kein Wunder: Überfüllte Hochschulen, fehlende Berufsperspektiven nach Abschluß des Studiums und BAFöG-Streichungen zwingen Abiturienten zu Alternativen. Eine durchschnittliche Ausbildungsvergütung von 996,-- DM monatlich und das Versprechen der Betriebe auf gute Karrierechancen machenden "Königsweg der dualen Berufsausbildung" durchaus attraktiv.

Nach einer von den Betrieben sorgsam durchgeführten Auswahl durch Tests und Einstellungsgespräche, einem straff organisierten und betrieblich gesteuerten Ausbildungsgang stehen ihnen geeignete Fachkräfte zur Verfügung.
Sie ziehen diese staatlich ausgebildeten Akademikern gerne vor, auch weil ihre "soziale Eingliederung" in den Betrieb problemloser gelingt (vgl. Institut der deutschen Wirtschaft, 1982).
Die Sonderausbildungsgänge/Berufsakademien sind ein ausdifferenziertes System von Ausbildungsgängen oberhalb der traditionellen Facharbeiterausbildung, welches nach Wunsch der Wirtschaft weiter ausgebaut werden soll.
Hilfestellung, wohl vor allem ökonomischer Art, erwartet man sich dabei vom Staat. Daß die politisch Verantwortlichen insbesondere nach dem konservativen Regierungswechsel 1983 nicht unwillig sind, macht Bildungsministerin Wilms deutlich.

Wie die Wirtschaft für Berufsakademien wirbt (Quelle: Institut der deutschen Wirtschaft, 1983)

Auf einem Expertenhearing in Bonn wies sie jüngst darauf hin, daß durch die Erschließung neuer Ausbildungsfelder das Berufsausbildungssystem für Abiturienten attraktiv gemacht werden soll (vgl.Wilms, 1983)
Die Sonderausbildungsgänge/Berufsakademien für Abiturienten werden in den nächsten Jahren also an Bedeutung noch gewinnen.

Zweijährige Ausbildungsberufe für Haupt- und Sonderschüler

So wie es über Sonderausbildungsgänge/Berufsakademien mittlerweile Facharbeiter erster Klasse gibt, entwickelt sich zunehmend auch ein System drittklassiger Ausbildungsgänge unterhalb des Niveaus traditioneller Facharbeiterberufe.

In der Berufspädagogik unumstritten ist die Auffassung, daß eine Ausbildung im dualen System mindestens drei Jahre umfassen sollte.
Im Berufsbildungsgesetz (§ 48 bzw. 42b Handwerksordnung) sind trotzdem Möglichkeiten einer verkürzten Ausbildung vorhanden - sie werden in der Praxis als "Behindertenberufe" bezeichnet.

Ursprünglich sollten in solche Ausbildungsgänge nur eine eng begrenzte Gruppe von geistig- und körperbehinderten Jugendlichen integriert werden.
Mit dem Anwachsen der Jugendarbeitslosigkeit und dem nicht ausreichenden Angebot dreijähriger Lehrstellen hat sich jedoch die Zuweisungspraxis zu zweijährigen Ausbildungsberufen geändert:
Arbeitsämter verweisen Sonderschüler, Hauptschüler ohne Abschluß und auch ausländische Jugendliche oft automatisch in die zweijährigen Sonderausbildungsgänge, sicher auch mangels Angebot an dreijährigen Lehrstellen.
Für die betroffenen Jugendlichen bedeutet die Ausbildung in einem zweijährigen Beruf, daß sie einerseits keinen Fachar-

beiterstatus erreichen. Das hat Konsequenzen für die spätere tarifliche Entlohnung, bedeutet kaum innerbetriebliche Aufstiegschacen, aber ein erhöhtes Arbeitsplatzrisiko zu haben.

Andererseits werden die Jugendlichen zu Behinderten abgestempelt. Begriffe wie "einseitig Begabte" und"nur praktisch Begabte" suggereieren dabei zielgerichtet, daß es sich um junge Menschen mit minderem Intelligenzquotient und einseitigem Leistungsvermögen handelt (vgl.Exkurs: 'Lernbehinderte', 'lernschwache', 'berufsunreife' Jugendliche?)

Ein weiterer Weg zum Facharbeiter dritter Klasse führt über die sogenannte Stufenausbildung.

Die Praxis der Stufenausbildung sieht vor, daß alle Lehrlinge eines Betriebes, die Berufe innerhalb des gleichen Berufsfeldes (z.B. Metall) anstreben, zunächst ein oder zwei Jahre gemeinsam ausgebildet werden. Danach müssen sie eine betriebsinterne Prüfung absolvieren, die darüber entscheidet, ob sie in die zweite bzw. dritte Ausbildungsstufe übernommen werden. Geschieht dies nicht(was letztendlich von dem Bedarf des Betriebes abhängt) werden sie z.B. statt Maschinenschlosser(dritte Stufe) nur Metallwerker(zweite Stufe) oder gar statt Bekleidungsschneiderin(dritte Stufe) oder Bekleidungsfertigerin(zweite Stufe) nur Bekleidungsnäherin(erste Stufe).

Abgesehen, davon, daß die Stigmatisierung wegfällt, in einem Behindertenberuf ausgebildet zu sein, sind die Konsequenzen ähnlich denen zweijähriger Ausbildungsberufe nach § 48 BBiG oder § 42b HwO: Berufsabschlüsse nach der ersten oder zweiten Stufe haben eine geringere tarifliche Entlohnung und einen niedrigeren beruflichen Status als dreijährige Ausbildungen. Entsprechend schwierig wird der Arbeitsplatzwechsel und erhöht sich das Risiko von Arbeitslosigkeit.

Von der Stufenausbildung sind Mädchen besonders betroffen: In einer Untersuchung wird festgestellt, daß 64,7% aller Mädchen, die eine Lehre im Einzelhandel beginnen, sich nach

zwei Jahren mit dem Abschluß Verkäuferin begnügen müssen, während hier 73,7% aller Jungen bis zum Einzelhandelskaufmann ausgebildet werden(vgl. Berufsbildung in Wissenschaft und Praxis, 4/82).
Auch von den verkürzten Ausbildungen sind Mädchen besonders betroffen: Über 80.000 absolvieren zur Zeit eine zweijährige Ausbildung, bei den Jungen sind es 'nur' ca. 10.000 (vgl. Berufsbildung in Wissenschaft und Praxis, 4/82, S.27 f)

Insgesamt lag die Zahl der Jugendlichen, die 1980 nach zwei Jahren ihre Ausbildung abschlossen, bei ca. 100.000.
Die Hälfte davon schloß schon von Anfang an einen zweijährigen Ausbildungsvertrag ab, die andere Hälfte beendete die Stufenausbildung vorzeitig.
Jeder sechste Jugendliche absolvierte also eine Kurzlehre!

Berufsbildungsexperten befürchten, daß der Anteil von Kurz-Ausbildungen seit dem starken Anstieg der Jugendarbeitslosigkeit 1980 weiter gestiegen ist.

Da es bisher keine bundeseinheitlichen/branchenübergreifenden Regelungen für zweijährige Ausbildungsberufe gibt, ist eine Gesamtübersicht äußerst schwierig.

Das neue Berufsausbildungssystem: Ein Überblick

Wie wir am Beispiel der Berufsakademien und zweijährigen Berufe verdeutlicht haben, hat sich das duale Ausbildungssystem eine 'Ober- und Unterbühne' zugelegt.
Genauer betrachtet zeigt sich, daß ein komplexes Gefüge entstanden ist, welches eindeutig hierarchisch strukturiert ist.

Ganz oben stehen dabei die Sonderausbildungsgänge/Berufsakademien für Abiturienten. Vornehmlich Großbetriebe bilden hier ihren schmalen aber qualifizierten Bedarf an Fachkräften aus, zunehmend in Konkurrenz zu staatlichen Fachhochschulen. Nächste Stufe auf der Hierarchieleiter des Berufsbildungssystems sind die Berufsfachsonderschulen, die überwiegend Realschülern zugänglich sind. Hier werden vollzeitschulische Ausbildungsgänge mit anerkannten Berufsabschlüssen angeboten. Als zwei Beispiele seien Krankenschwester- und Erzieherschulen genannt.

Den Kern des Berufsausbildungssystems bilden immer noch die im dualen System angebotenen dreijährigen Ausbildungsberufe.

Allerdings hat sich in den letzten Jahren auch hier eine starke qualitative Hierarchisierung entwickelt. Zwischen den Berufschancen eines Elektroanlageninstallateurs und eines Bäckers, einer Bankkauffrau und einer Bekleidungsnäherin bestehen extreme Unterschiede.
In unseren Kapiteln I und II haben wir dieses Qualifikationsgefälle und seine Folgen beschrieben.

Unterhalb des Niveaus der klassischen dreijährigen Facharbeiterberufe sind die zweijährigen Ausbildungsgänge angesiedelt.

Noch eine Stufe darunter sind die im vorangegangenen vierten Kapitel ausführlich dargestellten berufsvorbereitenden Maßnahmen einzuordnen, die zunehmend nicht mehr auf eine Berufsausbildung vorbereiten, sondern diese ersetzen.

Als zusätzliche Vorbereitung auf eine Hilfsarbeitertätigkeit durch berufsvorbereitende Maßnahmen muß das von den Arbeitgebern ab 1983 eingeführte "berufspraktische Jahr" angesehen werden.

Betriebe können mit geringen Kosten Jugendliche, die i.d.R. bereits eine einjährige berufsvorbereitende Maßnahme absolviert haben, nochmals für ein Jahr "ausprobieren", bevor sie ihnen einen Hilfsarbeiter-Job anbieten.

Ergänzt wird dieses hierarchisch abgestufte System durch eine schmale Palette außerbetrieblicher Ausbildungsprogramme. Unabhängig vom betrieblichen Ausbildungsplatzangebot werden hier in Sofortprogrammen und Modellversuchen gezielt sogenannte Problemgruppen des Ausbildungsmarktes ausgebildet; ausländische Jugendliche, Sonderschüler, Hauptschüler ohne Abschluß und insbesondere Mädchen.

Mit besonderer Lernunterstützung und sozialpädagogischer Begleitung wird i.d.R. eine dreijährige Ausbildung mit anerkannten Abschlüssen angeboten. Die Zahl der Ausbildungsplätze ist jedoch äußerst begrenzt (ca. 5.000 pro Jahr), die Programmverantwortlichen begreifen diese Ausbildungsangebote als Stütze zum dualen System von "vorübergehender Natur". Dabei zeigen gerade Programme wie das Benachteiligtenprogramm des Bundesministeriums für Bildung und Wissenschaft, daß auch Jugendliche mit großen Lerndefiziten/Verhaltensproblemen bei entsprechender Unterstützung dreijährige Ausbildungsberufe erfolgreich absolvieren können (vgl. Petzold, 1982).
Trotz der ermutigenden Erfolge in solchen Modellprojekten schreitet die hierarchische Differenzierung des gesamten Ausbildungssystems voran.
Statt einer Vereinheitlichung auf hohem Qualifikationsniveau gewinnen weniger qualifizierte Ausbildungsgänge ständig an Boden.
Das abschließende Schaubild soll die verschiedenen Angebote des Berufsausbildungssystems mit ihren Zielgruppen nochmals zeigen.

Schaubild 3 : Das berufliche Erstausbildungssystem und seine Ausdifferenzierung [1)]

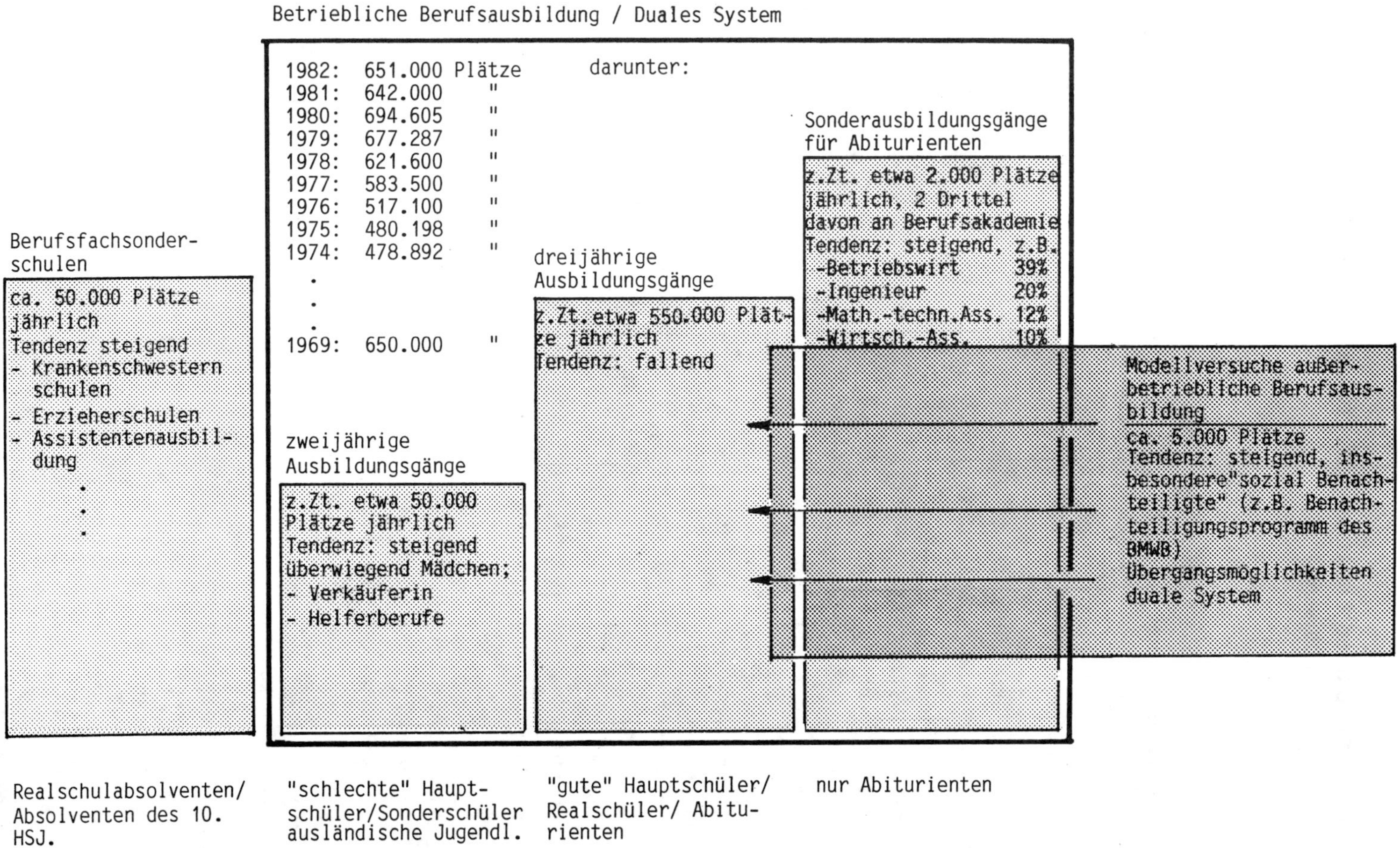

1) Die Zuordnung der Zielgruppen gibt allerdings nur Tendenzen an.

VI Krise oder Anpassung: Ein Erklärungsversuch zur Ausbildungsmisere

"... die Engpässe des gegenwärtigen Ausbildungssystems sind vorübergehender Natur ..... (Das duale System ist ein) "im Prinzip gesundes System ..., welches schon Mitte der 80er Jahre wieder ohne Störfaktoren arbeiten wird."

Sozialminister Heiner Geißler, 1983

So oder ähnlich klingen viele Aussagen politisch Verantwortlicher zu den Ausbildungsproblemen in den letzten Jahren. Gemeinsam ist fast allen Stellungnahmen die Vorstellung, es handele sich bei der Ausbildungsmisere um eine Störung, eine vorübergehende Krise, die im wesentlichen durch äußere Einflüsse zustandegekommen sei.
Uneinigkeit besteht allerdings je nach Interessensstandpunkt bei der Frage nach dem Ausmaß und den Ursachen dieser Entwicklung.
Liegt es an den geburtenstarken Jahrgängen, an der verfehlten (Berufs-) Bildungspolitik, am mangelnden Engagement der Betriebe oder an der fehlenden Berufsreife der Jugendlichen selbst?
Dementsprechend umstritten sind natürlich auch die Strategien zur Bekämpfung des Übels.

Auch wenn in der Öffentlichkeit heftig debattiert wird, das duale Ausbildungssystem als solches wird dabei nicht in Frage gestellt. Stillschweigend geht man von einer Interessensgleichheit aller Beteiligten bei der Bewältigung des Problems aus. Die einseitige Machtverteilung in der Berufsausbildung und die erwähnten Strukturmängel des dualen Systems (vgl. Kapitel I) werden weitgehend tabuisiert.

Im Gegensatz dazu wollen wir einen Erklärungsansatz vorstellen, der die Entwicklung der letzten Jahre nicht als vorübergehende Krise betrachtet.

Wir gehen vielmehr davon aus, daß die stattgefundenen Veränderungen sich zwar als Ausbildungskrise darstellen, in Wirklichkeit jedoch Ausdruck einer Umstrukturierung und Anpassung der beruflichen Bildung an die veränderten Arbeitsmarktbedingungen und die ökonomischen Interessen der Wirtschaft sind.

In den folgenden fünf Abschnitten wollen wir diesen Ansatz entwickeln und begründen.

Ausbildung und Gewinninteresse

Die Entwicklung des Ausbildungsplatzangebots, der starke und kontinuierliche Rückgang im Bereich von Industrie und Handel bis Mitte der 70er Jahre und der ab dann erfolgte starke Anstieg überwiegend im Bereich des Handwerks erklärt sich durch die Abhängigkeit der Lehrlingsausbildung von einzelbetrieblichen Gewinninteressen.

Eine qualifizierte Berufsausbildung verursacht Kosten, die die Betriebe nach Möglichkeit einsparen wollen.
Aus diesem Grund bilden 80% aller Betriebe überhaupt nicht aus, sondern versuchen ihren Bedarf an qualifizierten Arbeitskräften über den Markt zu decken.
Bei den ausbildenden Betrieben muß zwischen Groß- und Kleinbetrieben, d.h. im wesentlichen zwischen Betrieben aus dem Bereich von Industrie- und Handelskammern und solchen aus dem Handwerkskammerbereich unterschieden werden.

Bei der Ausbildung in Großbetrieben, die i.d.R. sehr kostenintensiv ist, kommen zwei Tendenzen zum Tragen:
Zum einen wird die Zahl der Ausbildungsplätze auf den zu erwartenden Eigenbedarf beschränkt. Zum andern wird versucht, die Jugendlichen möglichst betriebsspezifisch auszubilden, um ihr Abwandern und damit das Risiko von Fehlinvestitionen zu vermeiden.

Verschärft wird dies durch die Tendenz zu Rationalisierung und Dequalifikation: Um die Lohnkosten zu minimieren, versuchen alle Betriebe, den Produktionsprozeß so zu organisieren, daß möglichst wenig Arbeitskräfte gebraucht werden. Vor allem sollen hochqualifizierte und damit teure Arbeitskräfte durch billigere angelernte Kräfte ersetzt werden können.
Folge: Der Eigenbedarf an qualifizierten Arbeitskräften sinkt - und damit auch die Notwendigkeit von Ausbildung.

In einem Artikel in "Die Zeit" heißt es dazu:
"Die gewaltigen Veränderungen durch die Mikroelektronik haben über die Investitionskalküle der Unternehmen hinaus längst die Personalpolitik und damit auch die Berufsbildung erreicht. Brauchen wir, fragen tausende mittlerer und grösserer Betriebe, in Zukunft noch gelernte Industriekaufleute für unser Rechnungswesen, oder reichen nicht Kräfte, die wir am Rechner rasch anlernen. Solche Überlegungen stellt jetzt bereits schätzungsweise jedes zweite Unternehmen an."
(Dauenhauer, 1982)

Daß die Lehrstellenentwicklung bisher nicht noch dramatischer verlaufen ist, liegt an einer gegenläufigen Tendenz im Bereich des Handwerks. Hier sind die Ausbildungskosten im Durchschnitt wesentlich niedriger. Oft lassen sich durch den produktiven Einsatz von Lehrlingen sogar Gewinne erzielen, zumindest dann, wenn die verschiedenen staatlichen Subventionsprogramme (vgl. Materialanhang zu Kap. IV) in Anspruch genommen werden.

NA, KLAR, DIETER, DU SOLLST DEINEN BILDUNGS-URLAUB NEHMEN, WANN DU WILLST. ICH FIND' DAS PRIMA ... WIE GESAGT: JEDERZEIT, MEIN JUNGE ...

ABER HAST DU AUCH MAL DRAN GEDACHT, DASS WIR IN SECHS WOCHEN DAS HOCHHAUS FRIEDRICHSTRASSE UND DAS STADTTHEATER FERTIG HA-BEN MÜSSEN? OHNE DICH SCHAFFEN WIR DAS NIE!

NA, SIEHST DU! VIEL-LEICHT KLAPPT'S JA NÄCHSTES JAHR ... HIER, MACH DIR MAL N'SCHÖNEN ABEND! STECK'S SCHON WEG, BEVOR DIE ANDERN REINKOMMEN ...

Dementsprechend wächst das Interesse der Handwerks-Betriebe an Ausbildung: Es wird weit über den eigenen Bedarf ausgebildet. Dieser 'Lehrlingszüchterei' ist es hauptsächlich zu verdanken, daß das Angebot an Ausbildungsplätzen Ende der siebziger Jahre wieder in etwa den Stand von 1969 erreichte.

Die Tendenz zur Ausbildung weit über den eigenen Bedarf hat zur Folge, daß die Jugendlichen zum großen Teil nach drei Jahren wieder auf der Straße stehen.
Der Kleinbetrieb kann sie aus Kostengründen als Gesellen nicht übernehmen.
Dies trägt wesentlich zu dem in den letzten Jahren erfolgten drastischen Anstieg der Jugendarbeitslosigkeit bei den 20 bis unter 25jährigen bei.

Die Gruppe der nicht übernommenen Handwerksgesellen war schon immer ein beliebtes Arbeitskräftepotential für industrielle Großbetriebe zur Deckung ihres Bedarfs an unqualifizierten Arbeitern.
So spricht man in Rüsselsheim ironisch von den Opel-Werken als der größten Bäckerei der Stadt; denn nirgendwo sonst arbeiten so viele gelernte Bäcker.

Das Interesse der Industrie an dieser Gruppe von Arbeitskräften liegt natürlich nicht an deren berufsspezifischen fachlichen Qualifikationen, die ja beispielsweise für Fließbandarbeit irrelevant sind. Wichtig sind die Arbeitstugenden und Einstellungen, die sie im Rahmen ihrer Handwerkslehre erworben haben und die sie für eine Ungelerntentätigkeit prädestinieren.

Neu an der Entwicklung der letzten Jahre ist das Ausmaß, in dem Jugendliche in Berufen ohne Zukunftschancen ausgebildet werden; denn für immer mehr gibt es keine Alternativen zur Ausbildung im Handwerk. Gleichzeitig ist die Industrie immer weniger in der Lage, diesem Strom ehemaliger Handwerkslehrlinge langfristige Beschäftigungsmöglichkeiten zu bieten.

Zusammengefaßt: Das unterschiedliche Ausbildungsengagement von Handwerk und Industrie und die damit verbundene Wanderungsbewegung der Handwerksgesellen in die Industrie dient durchaus ökonomischen Interessen.

Zugespitzt: Die Handwerksbetriebe sind an der Arbeitskraft der Auszubildenden interessiert, die Industrie an der Arbeitskraft der Ausgebildeten.

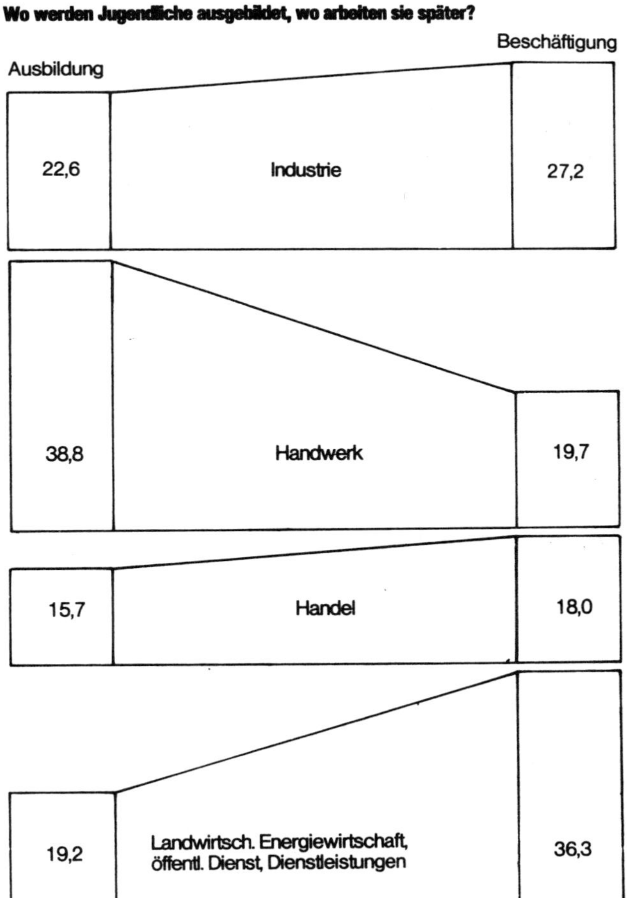

Aus: Solidarität 5/1980

Ausbildung und Verhaltensqualifikationen

Im Zuge des technischen Wandels und des sich verändernden Qualifikationsbedarfs verschieben sich auch die Ausbildungsinhalte: Verhaltensqualifikationen gewinnen zunehmend an Bedeutung gegenüber berufsspezifischen Fachkenntnissen.

Der Prozeß der beruflichen Ausbildung zielt schon immer auf zwei unterschiedliche Qualifikationsbereiche ab.
Einerseits geht es um die Vermittlung von beruflichen Fachkenntnissen und -fertigkeiten (z.B. Materialbearbeitung, Maschinenbedienung usw.). Andererseits sollen sich die Lehrlinge auch die erwünschten Einstellungen und Arbeitstugenden aneignen (z.B. Pünktlichkeit, Fleiß, Ordnung usw.).

Durch zunehmenden Maschineneinsatz und Automatisierung der Produktion verschieben sich die Gewichte:
"Meister oder Ausbilder beklagen seit Jahren, daß Lehrlinge zuviel schulisch abfragbares Wissen und zuwenige berufswichtige Verhaltensqualifikationen erlernen." (Dauenhauer, 1982)

Diese 'berufswichtigen Verhaltensqualifikationen' spielen nicht nur in der Ausbildung eine immer größere Rolle, sondern beeinflussen nachhaltig auch das vorberufliche Bildungswesen. Hier scheinen die Klagen der Meister und Ausbilder auf offene Ohren gestoßen zu sein.
Dafür spricht beispielsweise die dargestellte Kurskorrektur des BVJ. Standen Anfang der siebziger Jahre schwerpunktmäßig allgemeinbildende und berufsorientierende Inhalte im Mittelpunkt, so verlagerte sich der Schwerpunkt ab 1978 auf verhaltensorientierte Lernziele.

Dies gilt auch für die meisten Maßnahmen der Bundesanstalt für Arbeit. So stellt Henning von Vieregge für das Bildungswerk der hessischen Wirtschaft fest, daß durch das betriebliche Praxisangebot im Rahmen der dort durchgeführten MBSE die "notwendigen Industrietugenden optimal gefördert werden." (v. Vieregge, 1982)

Damit wird deutlich, daß es weniger um die Vermittlung fachlicher Qualifikationen als Vorbereitung für eine Berufsausbildung geht, sondern um den Erwerb von Verhaltensqualifikationen im Hinblick auf eine Hilfsarbeitertätigkeit.

Zeichnung: Hogli

Ausbildung und sinkender Qualifikationsbedarf

Die Tendenz einer hierarchischen Ausgestaltung des gesamten Berufsbildungssystems entspricht dem Interesse aller Betriebe an einer beruflichen Ausbildung bzw. Vorbereitung, die sich flexibel dem sich verändernden und langfristig sinkenden Qualifikationsbedarf der Wirtschaft anpaßt.

Zwar ist es kaum möglich, detaillierte Aussagen zur Entwicklung des Qualifikationsbedarfs der Wirtschaft zu machen, doch eines ist sicher: Die 'dritte industrielle Revolution', wie die Einführung neuer Technologien aus dem Bereich der Mikroelektronik oft genannt wird, führt zur Vernichtung bzw. Dequalifizierung ganzer Facharbeiterberufe (Beispiel: Druckindustrie).

Gleichzeitig entwickeln sich auch neue hochqualifizierte Arbeitsfelder (beispielsweise im Bereich der Elektronik). Allerdings entstehen dabei weit weniger qualifizierte neue Arbeitsplätze als traditionelle Facharbeitertätigkeiten überflüssig gemacht bzw. in Angelerntentätigkeiten umgewandelt werden.

Dieser Polarisierungstendenz in der Entwicklung des Qualifikationsbedarfs scheint sich das Berufsbildungssystem durch die Ausdifferenzierung von Subsystemen oberhalb und unterhalb des Niveaus traditioneller Facharbeiterausbildung anzupassen.
Als Beispiel für die Ausdifferenzierung des dualen Systems nach oben seien hier die Sonderausbildungsgänge für Abiturienten erwähnt, mit deren Hilfe Großbetriebe ihren Bedarf an mittleren Führungskräften und Technikern decken können.
Entsprechend dem Qualifikationsbedarf der Wirtschaft ist der quantitative Umfang dieses Subsystems beruflicher Bildung noch relativ gering. Allerdings hat die christlich-liberale Koalition bereits angekündigt, das System der Berufsakademien zu erweitern.

Wesentlich fortgeschrittener ist der Prozeß der Ausdifferenzierung eines Subsystems unterhalb des Niveaus traditioneller Facharbeiterausbildung: Die zweijährigen Ausbildungsberufe, die diversen Maßnahmen in der Berufsvorbereitung sowie das neueingeführte berufspraktische Jahr in den Betrieben erfüllen schon weitgehend das Ziel einer gestuften Auslese und Zuweisung in unterschiedlich qualifizierte Arbeitsplätze.

Die Vorteile einer solchen Differenzierung und Hierarchisierung für die Betriebe liegen auf der Hand. Statt einer einheitlichen und qualifizierten dreijährigen Berufsausbildung für alle, wie sie zum Postulat der Bildungsreform in den siebziger Jahren erhoben wurde, liefert das neue Berufs-

bildungssystem eine breite Palette von Arbeitskräften aller Qualifikationsstufen. Überqualifikation wird dabei ebenso vermieden wie unerwünschte Fluktuationen; denn die "Ausbildung" ist oft spezialisiert und erfolgt nach betriebsspezifischen Kriterien.
Schließlich lassen sich erhebliche Kosten einsparen, sowohl für die Ausbildung als auch bei einer späteren Beschäftigung: Anlernqualifikationen sind nicht tariffähig und werden dementsprechend wesentlich schlechter bezahlt.

Ausbildung und Kostenübernahme durch den Staat

Das wachsende staatliche Engagement in der beruflichen Bildung kommt dem Interesse der Wirtschaft entgegen, Ausbildungskosten so weit wie möglich auf den Staat abzuwälzen, ohne dabei Kontrolle und Verfügungsgewalt über die Ausbildung zu verlieren.

Ausbildung ist zumindest im Bereich der Industrie zu einem erheblichen Kostenfaktor geworden. Deshalb versuchen die Betriebe Ausbildung auf das erforderliche Minimum zu reduzieren, und zwar in quantitativer (Zahl der bereitgestellten Ausbildungsplätze) als auch qualitativer Hinsicht (Ersetzung von Facharbeiter- durch Angelerntentätigkeiten).

Die Wirtschaft insgesamt versucht, zur Minderung ihrer Ausbildungskosten den Staat an der Finanzierung zu beteiligen. Dabei geht es für die Wirtschaft darum, Formen zu finden, die weder ihr Ausbildungsmonopol und das duale System, noch ihre Kontroll- und Zugriffsmöglichkeiten beeinträchtigen.

In den letzten Jahren zeigt sich das ganz deutlich: Besonders kostenintensive Ausbildungsabschnitte und -anteile werden auf den Staat bzw. die Bundesanstalt für Arbeit verlagert. Außerdem beteiligt sich der Staat auf verschiedene Art und Weise auch direkt an den Ausbildungskosten der Betriebe.

Beispiele dafür sind die zahlreichen neu entstandenen Subventionsprogramme von Bund und Ländern, nach denen Betriebe Prämien für zusätzliche Ausbildungsplätze erhalten, i.d.R. ohne jegliche Qualitätskriterien. Diese Form staatlicher Kostenbeteiligung an der Berufsausbildung steht in krassem Gegensatz zu der in der Reformphase geborenen Idee einer Fondsfinanzierung aus den Abgaben der Betriebe.

Auch die Bereitstellung hunderter Millionen Mark für den Bau und die Einrichtung überbetrieblicher Lehrwerkstätten, die einzig die Kammern kontrollieren, läßt sich in diesen Rahmen einordnen.

Eine weitere Form der Kostenverschiebung auf den Staat ist die Übernahme kostenintensiver Ausbildungsanteile durch die Berufsschulen, wie es beispielsweise im BGJ geschieht.

Das BGJ umfaßt im Prinzip die Ausbildungsinhalte des ersten Lehrjahres. Da das erste Lehrjahr i.d.R. sehr kostenintensiv ist, weil die Lehrlinge kaum oder gar nicht produktiv eingesetzt werden können, sparen die Betriebe hierdurch erhebliche Kosten. Dies gilt besonders dann, wenn - wie es mittlerweile Praxis ist - die Jugendlichen auf die Anrechnung des BGJ verzichten. Sie können dann insgesamt länger produktiv eingesetzt werden.

Besonders deutlich wird das Prinzip der Kostenüberwälzung bei dem neu eingeführten 'Berufspraktischen Jahr'. Die Lohnkosten für die Jugendlichen, die ein Jahr in Privatbetrieben arbeiten dürfen, werden zu 100% von der Bundesanstalt für Arbeit übernommen.

Der wachsenden staatlichen Beteiligung an den Kosten der Ausbildung steht jedoch kein entsprechender Zuwachs an Kontroll- und Einflußmöglichkeiten gegenüber.

Problemverschiebung und Schuldzuweisung

Die Entwicklung, möglichst alle Jugendlichen ohne Ausbildungsplatz in einem komplexen System berufsvorbereitender und schulzeitverlängernder Maßnahmen unterzubringen, entlastet die Wirtschaft hinsichtlich ihrer Verantwortung für die Ausbildungsmisere. Aus einem Arbeitsmarktproblem wird ein Bildungsproblem gemacht - letztendlich sind die Jugendlichen selbst schuld an Lehrstellenmisere und Jugendarbeitslosigkeit.

Die Verteidigung ihres Ausbildungsmonopols stellt die Wirtschaft vor das Problem, für die Bereitstellung einer ausreichenden Anzahl von Ausbildungsplätzen politisch verantwortlich gemacht zu werden. So heißt es beispielsweise in einem Urteil des Bundesverfassungsgerichts:

"Wenn der Staat ... den Arbeitgebern die praxisbezogene Berufsausbildung der Jugendlichen überläßt, so muß er erwarten, daß die gesellschaftliche Gruppe der Arbeitgeber diese Aufgabe nach Maßgabe ihrer objektiven Möglichkeiten und damit so erfüllt, daß grundsätzlich alle ausbildungswilligen Jugendlichen die Chance erhalten, einen Ausbildungsplatz zu bekommen." (Das Bundesverfassungsgericht in einem Urteil zum Ausbildungsplatzförderungsgesetz am 10.12.1980)

Der rasante Ausbau des vorberuflichen Bildungswesens entlastet die Arbeitgeber von dieser zugewiesenen Aufgabe. Alle Schulabgänger, die keinen Ausbildungsplatz finden, werden erst einmal in die entsprechenden Maßnahmen des 10. Bildungsjahres abgeschoben. Sie tauchen damit gar nicht mehr als Nachfrager nach Ausbildungsplätzen auf, so daß die Bilanz immer einigermaßen "ausgeglichen" erscheint.

Auf diese Art und Weise wird aus einem Arbeitsmarktproblem (zu wenig Ausbildungsplätze), für das die Wirtschaft verant-

wortlich gemacht werden könnte, ein Problem des Bildungssystems, für das der Staat die Verantwortung zu tragen hat. Und in einem weiteren Schritt werden die Jugendlichen selbst verantwortlich gemacht.
Sie sind "berufsunreif" (oder schlimmeres) und müssen deshalb noch ein Jahr länger zur Schule gehen.

So werden in der öffentlichen Meinung systematisch Ursache und Wirkung vertauscht. Die Opfer werden zu Schuldigen gemacht und mit einem weiteren Jahr Schule bzw. dequalifizierenden Sonderausbildungen bestraft.

Im Rahmen dieser Stigmatisierung werden alle gesicherten lerntheoretischen Erkenntnisse über Bord geworfen. Dies skizziert der nachfolgende Exkurs.

Exkurs: »Lernbehinderte«, »lernschwache«, »berufsunreife« Jugendliche?

Mit diesen und ähnlichen Adjektiven werden Jugendliche heute immer öfter von Unternehmern und auch Politikern (Medien) bedacht.
Wenn Jugendliche in der Öffentlichkeit so sorglos mit schillernden Begriffen wie 'berufsunreif' stigmatisiert werden, dann korreliert dies offensichtlich mit den fehlenden Berufsperspektiven für alle Jugendlichen.

Wie und warum statt der Ausbildungs- und Arbeitsmarktprobleme die Opfer zu den Schuldigen gemacht werden, wird in diesem Buch beschrieben (insbes. Kap. III).

Zunehmend werden bei der Verwendung dieser Begriffe jedoch auch gesicherte Ergebnisse aus der Lern- und Intelligenzforschung grundsätzlich ignoriert. Fähigkeiten und Lernleistungen werden immer häufiger wieder als naturgegeben anstatt gesellschaftlich bedingt dargestellt.

Ohne Zweifel gibt es beim Menschen einige senso-motorische Leistungen, deren Entwicklung in den ersten Lebensjahren stark reifungsbedingt ist:
das Greifen, Sitzen, Stehen, Gehen u.ä..
Je älter das Kind aber wird, desto unbedeutender werden Anlage- und Wachstumsfaktoren, desto entscheidender werden vorausgegangene Lernerfahrungen.
Jeder Lernfortschritt ist abhängig von Voraussetzungen, die vorher erlernt werden müssen. Daraus resultiert, daß Lernleistungen nicht nur vom Faktor Begabung (im Sinne einer erblich eindeutig vorgegebenen Anlage) abhängen, sondern auch von den Möglichkeiten und Anregungen durch die Umwelt. Geringe Lernleistungen können daher nicht einfach einer mangelnden Begabung angelastet werden. Begabung ist nicht nur eine Voraus-

setzung für Lernen, sondern auch dessen Ergebnis.
In diesem Sinne ist Begabung dann weitgehend identisch mit Lernfähigkeit, keiner angeborenen, sondern einer erworbenen.

Werden Heranwachsenden von Schule, Elternhaus und sozialer Umwelt optimale Lernprozesse ermöglicht, so gelten sie als 'begabt', werden ihnen Lernprozesse verweigert, gelten sie als berufs'unreif' oder lern-'unfähig'.
Ein bloßes Abwarten, bis jemand 'reif für' gewisse Lernprozesse geworden ist, verschleiert die Versäumnisse gesellschaftlicher Lernangebote.
So betrachtet muß also, statt von lern'unfähigen' Jugendlichen zu sprechen danach gefragt werden, welche Bedingungen das Lernen erschweren oder verhindern.

Bösartig ist es auch, Jugendliche als lern'unwillig' zu bezeichnen.
Lernen erfordert Aktivität des Lernenden, Anstrengungsbereitschaft.
Aber auch die Motivation als eine übergeordnete Instanz der Verhaltenssteuerung wird erlernt. Sie ist somit eine erworbene Größe.
Wie aber soll Motivation erlernt werden, wenn Kindern und Jugendlichen in Familie und Schule keine geeigneten Lernbedingungen und Lernchancen gewährt werden?

Dazu der Lernpsychologe Heinz Heckhausen:
"Die Lernmotivierung ist stets ein Wechselwirkungsprodukt von relativ überdauernden Zügen der Persönlichkeit und von momentanen Eigenschaften der Situation."

Wie die 'momentanen Eigenschaften der Situation' für Jugendliche auf dem Arbeitsmarkt seit geraumer Zeit aussehen, wird in diesem Buch beschrieben.

Mit den Adjektiven 'berufsunreif', 'lernunwillig', 'lernunfähig' werden vornehmlich Jugendliche bedacht, die aufgrund der strukturellen Krise des Ausbildungsstellenmarkts trotz großer Bemühungen keinen Ausbildungs- oder Arbeitsplatz finden können.

Noch in den 60er Jahren sah der Deutsche Industrie- und Handelstag in den ungelernten Jugendlichen "ein Begabungspotential für künftige Facharbeiter".
Heute, wo mehr Facharbeiter ausgebildet als benötigt werden, wird offiziell nicht der Bedarf, sondern die Eignung der Jugendlichen neu definiert.

Ursula Petzold

»Ich hab's ja immer gesagt, für einen anstelligen jungen Mann findet sich auch heutzutage ein Ausbildungsplatz!«

Zeichnung: Markus (stern)

VII Qual oder Wahl — Zusammenfassung und Ausblick

Das neue Berufsbildungssystem — Ausbildung nach Bedarf

Wenn die in diesem Buch beschriebenen Entwicklungen des Berufsbildungssystems im Zusammenhang betrachtet werden, so wird deutlich, daß die vielbeklagten Mängel, Defizite und Probleme in der Berufsausbildung der letzten Jahre die Geburtswehen eines neuen Berufsbildungssystems waren. Hinter einer verwirrenden Vielfalt von "Maßnahmen" zeichnen sich dennoch deutlich die Konturen dieses neuen Systems ab.

Es läßt sich - um einen bildhaften Vergleich zu gebrauchen - mit einem vielfach verbundenen System von Schleusen vergleichen. Je nach (Qualifikations-) Bedarf werden die einzelnen Schleusenkammern (Qualifikationsstufen) mehr oder weniger gefüllt, wird der Strom zurückgehalten, umgelenkt oder direkt weitergeleitet.

Den wichtigsten Hebel zur Steuerung der ganzen Anlage haben dabei die Betriebe in ihrer Hand - durch ihr in Kapitel I beschriebenes Ausbildungsmonopol. Bieten sie viele Ausbildungsplätze an, gelangen entsprechend viele Jugendliche direkt in berufliche Ausbildung, und die Schleusenkammern des vorberuflichen Bildungswesens laufen leer. Werden weniger qualifizierte Arbeitskräfte benötigt, können die Kammern des vorberuflichen Systems geflutet werden - die Zahl "berufsunreifer" Jugendlicher vergrößert sich dementsprechend.

Ein Teil davon wird im Anschluß je nach Bedarf ins Ausbildungssystem weitergeleitet, der Rest fließt mit Grundqualifikationen vor allem im Verhaltensbereich ausgestattet und von der lästigen Berufsschulpflicht befreit direkt auf den Arbeitsmarkt für Un- und Angelernte.

Auch dort gibt es mittlerweile ein Auffangbecken, das sogenannte Berufspraktische Jahr, in dem noch einmal die "Spreu vom Weizen" getrennt werden kann.
Selbst diejenigen, die einen Ausbildungsplatz erhalten, werden nach verschiedenen Schleusenkammern auf sehr unterschiedlichem Niveau differenziert und qualifiziert.

All dies steuern in erster Linie die Betriebe aufgrund ihres Bedarfs. Sie entscheiden auch, wer nach Passieren dieses Schleusensystems weiterbeschäftigt und wer entlassen wird, wer also Facharbeiter werden kann, wer Hilfsarbeiter wird und wer arbeitslos bleibt.

Für Jugendliche, die nicht benötigt werden, fehlausgebildet sind usw., ist dann wieder der Staat zuständig (Umschulung, Sozialhilfe usw.).

Während also Staat und Gesellschaft einen äußerst geringen Einfluß in den Schaltstellen dieses Systems haben, tragen sie einen immer größeren Teil der Kosten beruflicher Qualifizierung. Das gesamte vorberufliche Bildungswesen wird vom Staat finanziert. Bei der eigentlichen Berufsausbildung ist seine Kostenbeteiligung ständig gestiegen.
Auch wenn man davon ausgeht, daß eine Regulierung des Übergangs von der Schule in die Arbeitswelt gesellschaftlich notwendig ist und deshalb eine Kostenübernahme durch den Staat gerechtfertigt scheint, so sind doch die Entscheidungskriterien des staatlichen Engagements im Übergangsbereich Schule - Arbeitswelt höchst problematisch: Nicht das Motiv einer qualifizierten Berufsausbildung für möglichst alle Jugendlichen bestimmt letztendlich staatliche Aktivitäten. Wie wir in diesem Buch gezeigt haben, setzen sich betriebswirtschaftliche Rentabilitätsgesichtspunkte bei der Ausgestaltung des neuen Berufsbildungssystems immer mehr durch.

Dennoch wird neben der Finanzierung auch die politische Verantwortung in erster Linie dem Staat angelastet. Denn er ist für den vorberuflichen Bereich, auf den zunehmend die Probleme des Ausbildungssystems abgewälzt werden, verantwortlich.

Während Gewerkschaften und SPD nach wie vor die alten Reformforderungen aus den 70er Jahren einzuklagen versuchen, hat stillschweigend längst eine Reform begonnen, nur:
In eine ganz andere Richtung!
Ein neues Berufsbildungssystem ist im Entstehen, das in vielen Bereichen maßgeschneidert scheint für die wirtschaftlichen Interessen der Betriebe. Das Jugendarbeitsschutzgesetz soll noch weiter ausgehöhlt werden und eine weit höhere Kostenbeteiligung des Staates an der Ausbildung wird in der Presse bereits unverhohlen propagiert:

"Also: Die Lehrlingsausbildung für fünf Jahre drastisch verbilligen; etwa: Bund oder Länder übernehmen einen Teil der Lehrlingsvergütung (vielleicht die Hälfte von jenen 25.000 bis 30.000 Mark). Dann hat man das Recht, auf die Unternehmen zu drücken, mehr auszubilden. Sie werden es tun, wenn nicht übertriebene Vorschriften (angeblich zum Schutz der Lehrlinge, in der Krise aber zu ihrem Schaden) sie abschrecken." (Bucerius, Die Zeit, 10.12.1982)

Alle Jugendlichen, die ausbildungs<u>bereit</u> und ausbildungs<u>fähig</u> sind, könnten 1983 eine Lehrstelle erhalten, so Bundeskanzler Kohl.
Das Hintertürchen, das der Kanzler bei diesem Wahlversprechen geschickt einbaute, macht deutlich:

Die für die Reformära maßgebliche Vorstellung, daß jeder Jugendliche das Recht auf eine qualifizierte Ausbildung habe, ist vom Tisch.
Nur wer fähig und bereit ist - was auch immer das heißen mag - darf einen Beruf erlernen.
Das heißt im Umkehrschluß:
Wer beim Run auf die knappen Lehrstellen leer ausgeht, war eben nicht willig oder nicht fähig.

Fazit: Das Berufsbildungssystem ist so weit wie nie von dem offiziellen Ziel einer "Ausbildung für alle" entfernt. Gäbe es ein solches Schlagwort für die neue Wirklichkeit in der Berufsausbildung, so müßte es heißen:

Ausbildung nach Bedarf - und den Bedarf bestimmen die Betriebe.

Von einer Berufswahl kann bei den meisten Jugendlichen keine Rede mehr sein. Sie werden durch dieses Ausbildungssystem geschleust - ohne Orientierung, ohne Chance, ohne große Hoffnungen.

Die Konsequenzen und Auswirkungen, die das für den Sozialisationsprozeß einer ganzen Generation mit sich bringt, sind unüberschaubar. Im Rahmen dieses Buches müssen wir uns auf ein paar abschließende Gedanken zu diesem Problem beschränken.

»Sonst ist man einfach Abschaum« — Sozialisation in die Perspektivlosigkeit

"Zunehmende Jugendarbeitslosigkeit und ein im Vergleich zum Ausbildungswunsch immer größerer Mangel an Ausbildungsplätzen für bestimmte Berufsfelder gliedern einen Teil der Jugend bereits vor dem Einstieg in das Berufsleben von der gesellschaftlichen Teilhabe und Anerkennung aus und bedrohen das Selbstwertgefühl der gesamten jungen Generation." (Enquete-Kommission "Jugendprotest im demokratischen Staat", Bonn 1983, S. 22).

Was etablierte Politiker auf dem Hintergrund von Jugendprotest (z.B. Hausbesetzung) und Berufsnot bei ihrem "Dialog mit der Jugend" herausfanden, ist durchaus nicht falsch - nur die beruhigenden Mitteilungen an die besorgte Gesellschaft, es handle sich um "Randgruppen der Jugend", sind Schönfärberei.
Aus Randgruppen sind längst Hauptgruppen geworden. Für einen immer größer werdenden Teil der Jugendlichen wird der Übergang von der Schule in die Arbeitswelt zu einem Schritt ins Leere: Die wichtigsten "gesellschaftlich legitimierten Wege des Erwachsen- und Selbständigwerdens" (Karen Schober von der Bundesanstalt für Arbeit), nämlich Berufsausbildung und Berufstätigkeit, bleiben ihnen versperrt.

Stattdessen werden sie in einem System von Maßnahmen aufgefangen, das für die meisten eine Wiederholung jahrelanger negativer Schulerfahrungen mit sich bringt. Die Kette von Enttäuschungen, Niederlagen und Demütigungen setzt sich fort.
Im Maßnahmealltag werden verschüttete Lernpotentiale endgültig vernichtet. Wenn die Jugendlichen etwas lernen, dann vor allem, daß sie sich ihre Berufswünsche abschminken können und daß sie "selbst schuld" sind. Der Stempel "berufsunreif" oder "lernbehindert", der ihnen dabei aufgedrückt wird, hinterläßt Spuren.

Am Ende der "Berufsvorbereitung" ist das Anspruchsniveau der Jugendlichen oft so weit reduziert, daß sie bereit sind jeden Ausbildungsplatz zu nehmen; denn ohne Ausbildung, das haben viele erkannt, "ist man einfach Abschaum" (ein Berliner Jugendlicher zu einem Spiegel-Redakteur, in: Der Spiegel, 35/1982, S. 30).

Erzogen nach dem Motto "Jeder hat den Marschallstab im Tornister" und "Wer eine Ausbildung machen will, der findet auch was", haben die Jugendlichen gelernt, sich selbst für die Misere verantwortlich zu machen.
Das Gefühl, in der Schule und bei der Lehrstellensuche versagt zu haben, führt zu einem hohen Leistungsdruck und zu entsprechender Mißerfolgsängstlichkeit in den Maßnahmen.
Führt die Maßnahme wiederum nicht zur erhofften Lehrstelle, entsteht bei den Jugendlichen leicht das Gefühl, die letzte Chance verspielt zu haben.
In einer von der Bundesanstalt für Arbeit durchgeführten Befragung arbeitsloser Jugendlicher stimmten 59% der Aussage zu: "Ich kam mir manchmal richtig überflüssig vor" (vgl. Der Spiegel 35/1982, S. 31).
Wie viel persönliches Leid sich hinter solchen Aussagen verbirgt, läßt sich nur ahnen; die Interviewauszüge in Kap. III geben eine Andeutung davon.

Auch für diejenigen Jugendlichen, die nach der Schule oder der Berufsvorbereitung einen Ausbildungsplatz erhalten, verläuft der Übergang in die Arbeitswelt keineswegs problemlos.
Angesichts der Situation auf dem Lehrstellenmarkt wird der Prozeß der Berufswahl zur Farce. Die meisten sind froh, wenn sie überhaupt eine Lehrstelle bekommen. Nach einer Untersuchung des BIBB konnte die Hälfte der Auszubildenden ihren Berufswunsch nicht realisieren (vgl. Der Spiegel, 35/1982, S. 31).

Die Behauptung, viele Jugendliche seien auf sogenannte Modeberufe fixiert, ist längst widerlegt (vgl. Institut für Arbeitsmarkt- und Berufsforschung, 1982). Dennoch müssen sich Jugendliche ohne Ausbildungsplatz ständig mit dem Vorwurf mangelnder Flexibilität und Mobilität auseinandersetzen.

Berufsberater berichten dagegen, daß die Anpassungsbereitschaft der Jugendlichen bei der Berufs"wahl" enorm groß ist. Nach der Devise "besser irgendeine Ausbildung als keine" gerät der Einstieg ins Berufsleben zur äußerlichen, fremdbestimmten Vorgabe.

Auch in der Ausbildung selbst werden Mißstände vielfach klaglos hingenommen. Berichte über Verstöße gegen das Jugendarbeitsschutzgesetz und die Ausbildungsordnungen sprechen hier eine deutliche Sprache (vgl. Frankfurter Rundschau, v. 10.03.83).

Insbesondere Jugendliche, die ihre Berufsvorstellungen noch in etwa realisieren konnten, grenzen sich von ihren Altersgenossen ohne Ausbildungsplatz stark ab. Sie übernehmen oftmals die gängigen gesellschaftlichen Klischees, die den Betroffenen selbst die Schuld an ihrer Misere geben.
Die Vorstellung, aufgrund besonderer eigener Leistungen die gewünschte Lehrstelle bekommen zu haben, führt - verbunden mit der latenten Angst vor Nichtübernahme nach Beendigung der Ausbildung - leicht zu Überanpassung bei gleichzeitiger Diffamierung der weniger Erfolgreichen. Für die meisten Jugendlichen zeigt sich erst nach Ende der Ausbildung, ob der eingeschlagene Weg auch tatsächlich zu beruflichem Erfolg führt. Wie wir in diesem Buch zeigen, ist das Risiko der Arbeitslosigkeit nach einer Ausbildung drastisch gestiegen und wird weiter zunehmen.

Zusammenfassend muß man feststellen, daß der Übergang von Schule in Beruf mittlerweile für alle Jugendlichen von einem Schritt zu einem mehrjährigen Prozeß geworden ist. Dabei sind zwei große Hürden zu überwinden: Zunächst muß ein Ausbildungsplatz gefunden werden und anschließend eine ausbildungsadäquate Beschäftigung. Erst dann kann man planend in die Zukunft blicken.

Immer mehr Jugendliche scheitern an einer dieser Hürden und für die meisten dehnt sich der Übergang durch Teilnahme an einer berufsvorbereitenden Maßnahme oder vorübergehende Arbeitslosigkeit zusätzlich aus. Durch den Selektionscharakter, den die gesamte Übergangsphase mittlerweile hat, stehen die Jugendlichen über Jahre, beginnend schon in den Abschlußklassen der Hauptschule unter einem enormen Druck. Ständig hin- und hergerissen zwischen Hoffen und Bangen entwickeln sie anstelle eigener Berufs- und Lebensperspektiven zunehmend nur noch Zukunftsangst.
In dem Maße, in dem die Gesellschaft den Jugendlichen den Aufbau einer Zukunftsperspektive nicht ermöglicht, in dem Maße wird die Legitimationskraft dieser Gesellschaft für immer größer werdende Teile der Jugend schwinden.

Bedenkt man, daß sich die Jugendforschung weitgehend einig ist über den engen Zusammenhang zwischen Entwicklung beruflicher Identität und Erwachsenenwerden, so lassen sich die Folgen ermessen. Die eingangs zitierte Enquete-Kommission befürchtet Schlimmes:

"Arbeit mit der man sich identifizieren kann, stellt auch für Jugendliche einen wesentlichen Teil der Sinngebung des Lebens dar. Wenn sie wegen Arbeitslosigkeit nicht arbeiten können, geraten Jugendliche in die Gefahr, ihr Leben als sinnlos anzusehen."
(Enquete-Kommission "Jugendprotest im demokratischen Staat", Bonn 1983, S. 22)

Literaturverzeichnis

Alex, Laszlo: Kein genereller Mangel an Facharbeitern, in: Handelsblatt 9./10.7.82

Arbeitsamt Frankfurt (Hg): Schulische und betriebliche Ausbildungsmöglichkeiten im Arbeitsamtsbezirk Frankfurt am Main, Frankfurt 1982

Baethge, Martin: Zu Strukturproblemen der Berufsausbildung in der Bundesrepublik Deutschland in den 70er Jahren und zur Angebot-Nachfrage-Entwicklung bis 1990, in: IG Metall (Hg), Finanzierung der beruflichen Bildung, S. 47-85, Frankfurt 1983

Berufsbildung in Wissenschaft und Praxis: Überwiegende Zahl der Jugendlichen wählt dreijährige Ausbildungsberufe - tatsächliche Ausbildungszeit durch Verkürzung jedoch geringer , 4/82, S. 27 f

Berufsbildungsberichte: Werden jährlich von der Bundesregierung in Federführung des Bundesinstituts für Berufsbildung und des Bundesministeriums für Bildung und Wissenschaft erstellt.

Brandt, Willi: Regierungserklärung vom 8.1.1973

Braun, Frank: Wie jugendliche Arbeitslose für unqualifizierte Arbeit ausgebildet werden, in: Lenhardt, Gero: Der hilflose Sozialstaat, Frankfurt 1979 , S. 284 ff

Braun, Frank/Drexel, Ingrid: Bewältigung des Ausbildungsplatzdefizits durch Sonderausbildungsgänge?, in: Demokratische Erziehung 1/1979

Bucerius, Gerd: Jetzt schlägt die Stunde des Staates, in: Die Zeit, 10.12.1982

Bundesanstalt für Arbeit (Hg): MatAB 4/1979

Bundesanstalt für Arbeit (Hg): Berufsvorbereitende Maßnahmen als Hilfe zur Eingliederung noch nicht berufsreifer Jugendlicher, in: Dienstblatt der Bundesanstalt für Arbeit, 14.8.1974

Bundesanstalt für Arbeit (Hg): MatAB 7/82

Bundesinstitut für Berufsbildung: Materialien zum Expertengespräch: Problemregionen der beruflichen Bildung, Berlin 1978

Bundesministerium für Bildung und Wissenschaft: Informationen zum Programm für die Förderung der Berufsausbildung von benachteiligten Jugendlichen, Bonn, 28.7.1982

Bundesministerium für Bildung und Wissenschaft (Hg): Handreichung für eine sozialpädagogisch orientierte Berufsausbildung, 1.Band, Bonn 1982 (Werkstattbericht 41)

Bundesministerium für Bildung und Wissenschaft (Hg): Handreichung für eine sozialpädagogisch orientierte Berufsausbildung, 2. Band, Bonn 1983

Bundesvereinigung der Deutschen Arbeitgeberverbände: Aktion Jugend und Beruf 1983, Köln 1983

Bunk, Gerhard/Zedler, Reinhard: Das Berufsgrundbildungsjahr, Köln 1976

Clauß, Thomas u.a.: Qualifikation und Beschäftigung in den Metallberufen, Berichte zur beruflichen Bildung, Heft 39, Berlin 1981

Dauenhauer, Erich: Zu Arbeitslosen ausgebildet, in: Die Zeit vom 10.12.1982

Deutscher Bundestag: Finanzierung der betrieblichen Berufsausbildung. Vgl. Abschlußbericht im Deutschen Bundestag, 7. Wahlperiode, Drucksache 7/1811 vom 14.3.1974

Deutscher Industrie- und Handelstag: Vollversammlungsbeschluß vom 25. 10.1973; abgedruckt in: dpa-Dienst für Kulturpolitik vom 5.11.1973

Die Zeit: Wo soll ein Lehrling wohnen? Kommentar vom 14.1.1983

djp-Jugendpressematerialien: Jugend ohne Arbeit, Heft 1, Gelsenkirchen 1981

Drexel, Ingrid: Problemgruppen des Ausbildungsstellenmarktes, unterwertige Wege ins Erwerbsleben und einige gesellschaftliche Konsequenzen, in: IG-Metall (Hg): Finanzierung der beruflichen Bildung, Schriftenreihe der IG-Metall, Heft 98, S. 86 ff, Frankfurt 1983

Engholm, Björn: Verzicht bleibt umstritten, in: Frankfurter Rundschau vom 20.12.1980

Enquete-Kommission: Jugendprotest im demokratischen Staat, Abschlußbericht für die Bundesregierung, Bonn 1983

Frankfurter Rundschau: Lage auf dem Lehrstellenmarkt ist so düster wie noch nie zuvor, vom 19.1.1983

Frankfurter Rundschau: Alarmierende Lehrstellenzahl, vom 9.2.1983

Frankfurter Rundschau: Kurzum alles, was einst den Fortschritt ausmachte - bei Lehrstellenmangel zählen Vorschriften kaum noch, vom 10.3.1983

Geißler, Heiner in: Frankfurter Rundschau vom 18.1.1983

GEW-Landesverband Berlin/Fachgruppe Gewerbliche Schulen: Informationen 10/79

Goos, Helmut: Von der Sackgasse zum Nadelöhr, in: pädextra, 10/1977

Grünewald, Uwe u.a.: Qualifikationsforschung und berufliche Bildung, Bundesinstitut für Berufsbildung, Berlin 1979

Halbergerhütte GmbH: Entwurf einer Handreichung für die einjährige Ausbildung zum Gießereiwerker nach § 48 BBiG, Brebach o.J.

Hanesch, Walter u.a.: Manifest zur Ausbildungs- und Berufsnot der Jugend, Bensheim 1979

Hansen, Georg u.a.: Ausbildungschancen in der beruflichen Bildung, Weinheim 1977

Hessische Lehrerzeitung: Für und wider ein zehntes allgemeinbildendes Schuljahr, Heft 11, Frankfurt 1977

Hessisches Kultusministerium (Hg): Bildungswege in Hessen; berufliche Schulen Heft 6 / 1981

Hofbauer, Heinz: Berufswege von Erwerbstätigen mit Facharbeiterausbildung, in: Mitteilungen aus der Arbeitsmarkt- und Berufsforschung, Heft 2/1981, S. 127 und 138

IG Metall: Stellungsnahme zur Arbeitgeberinitiative zur Nachqualifikation von jugendlichen Arbeitslosen, unveröffentlichtes Manuskript, März 1983

IG Metall (Hg): Finanzierung der beruflichen Bildung, Schriftenreihe der IG Metall, Band 98, Frankfurt 1983

Institut der deutschen Wirtschaft (Hg): Informationen zur beruflichen Bildung, Blatt 26, Köln 1980

Institut der deutschen Wirtschaft (Hg): Informationen zur beruflichen Bildung, Blatt 10, Köln 1981

Institut der deutschen Wirtschaft: Abiturientenausbildung der Wirtschaft- die praxisnahe Alternative zur Hochschule, Köln 1982

Institut für Arbeitsmarkt und Berufsforschung: MatAB 7/1982

Institut für Arbeitsmarkt und Berufsforschung: Verbleib von MBSE-Teilnehmern, in: IAB-Kurzbericht (intern) vom 11.2.1983

Jugend mit Zukunft, Podiumsdiskussion des Institut der deutschen Wirtschaft, Köln 1979

Kloas, Werner u.a.: Berufsausbildung für alle - eine Modellrechnung zur Nachfrage nach Ausbildungsplätzen bis 1995, in: DGB-Gewerkschaftliche Bildungspolitik, 12/79, S.321 ff

Kohl, Helmut, zitiert nach:Frankfurter Rundschau, Kanzler garantiert Ausbildung, in: Frankfurter Rundschau vom 4.2.1983

Kultusministerium Rheinland-Pfalz: Schriftenreihe Schulversuche zum Berufsgrundbildungsjahr, Zwischenbericht, Mainz 1976, S. 49

Lempert, Wolfgang / Franzke, Reinhard: Die Berufserziehung, München 1976

Lipsmeier, Antonius: Organisation und Lernorte der Berufsbildung, München 1978

Meisel, Klaus /Petzold, Hans-Joachim: Außerbetriebliche Berufsausbildung. Begründungszusammenhänge und Planungskriterien einer sozialpädagogisch orientierten Ausbildungspraxis, in: GEW-Brennpunkt, Frankfurt 1981

Petzold, Hans-Joachim: Schulzeitverlängerung: Parkplatz oder Bildungschance?, Bensheim 1981

Petzold, Hans-Joachim: Berufliches Lernen im Lebenszusammenhang. Fünf Thesen zu den Grundprinzipien der Berufsausbildung von benachteiligten Jugendlichen/ jungen Erwachsenen, in: Zeitschrift für Berufs- und Wirtschaftspädagogik, 11/82 S. 854 ff

Preiss, Hans: Die Berufsschulpflicht darf nicht ausgehöhlt werden, in: Frankfurter Rundschau vom 26.10.1978

Rohde, Hans: 1974 wird ein Jahr handfester und praktischer Arbeit, in: BMBW-Presse- und Informationsdienst, 3/74

Rudolph, Hedwig: Finanzierungsfragen in der Diskussion: Die entscheidende Ebene der Auseinandersetzung?, in: Petzold, Hans-Joachim (Hg): Jugend ohne Berufsperspektive, Weinheim 1976, S.96 ff

Schmude, Jürgen: Ausbildungsabgabe vor Gericht, in: Frankfurter Rundschau vom 12.3.1980

Spiegel, Heft Nr. 35, 1982

Spieß u.a.: Das Berufsvorbereitungsjahr in NRW. Abschlußbericht der wissenschaftlichen Begleitung zum Projekt "Verhaltensbeeinflussung, Erziehungsstrategien im BVJ in Nordrhein-Westfalen, unveröffentliches Manuskript, Juli 1982

Vieregge, Henning von: zehn Forderungen und Konsequenzen für MBSE - eine hundert Tage-Bilanz, Bildungswerk der hessischen Wirtschaft, Darmstadt 1980

Wenninger, Gerd: Zur Effektivität von Beschäftigungshilfen für arbeitslose Jugendliche, in: Lenhardt, Gero: der hilflose Sozialstaat, Frankfurt 1979, S. 314 ff

Wiethold, Franziska: Sinn und Unsinn von Berufsvorbereitungsmaßnahmen, in: WSI-Mitteilungen 12/81

Wilms, Dorothee: Zukünftig auch für Abiturienten noch mehr Ausbildungsmöglichkeiten schaffen, in: informationen bildung und wissenschaft 2/83, S. 23

Anhang

A: Weiterführende Literatur

B: Materialien und Textauszüge

A: Weiterführende Literatur

Kapitel I:

Das duale System der Berufsausbildung - Geschichte, Beschreibung, Kritik

Crusius, Reinhard u.a.: Berufsausbildung - Reformpolitik in der Sackgasse ?
rororo-Taschenbuch Nr. 1768, Reinbek 1974

Lipsmeier, Antonius: Organisation und Lernorte der Berufsausbildung
Juventa-Verlag, München 1978

Bundesinstitut für Berufsbildung (Hg): Schlüsselwörter zur Berufsbildung
Beltz-Verlag, Weinheim 1977

Böhnert, Michael u.a.: Lehrlingshandbuch
rororo-Taschenbuch Nr. 6212, Reinbek 1981

Lempert, Wolfgang; Franzke, Reinhard: Die Berufserziehung
Juventa-Verlag, München 1976

Seidenspinner, Gerlinde: Lehrlinge im Konfliktfeld Betrieb
Juventa-Verlag, München 1974

Beschreibungen und Analysen der Berufsbildungsreform

Winterhager, Dietrich: Lehrlinge - die vergessene Majorität
Beltz-Verlag, Weinheim 1970

Lempert,Wolfgang: Berufliche Bildung als Beitrag zur gesellschaftlichen Demokratisierung edition suhrkamp,Frankfurt 1974

Heimann,Klaus: Berufliche Bildung und Gewerkschaften, Rita G. Fischer-Verlag,Frankfurt 198o

Offe,Claus: Berufsbildungsreform - Eine Fallstudie über Reformpolitik, Suhrkamp-Verlag,Frankfurt 1975

Hüfner,Naumann: Konjunkturen der Bildungspolitik in der Bundesrepublik Deutschland,Band 1+2, Klett-Verlag,Stuttgart 1977

Hegelheimer,Armin: Finanzierungsprobleme der Berufsausbildung, Klett-Verlag,Frankfurt 1977

Kapitel II:

Jugendarbeitslosigkeit und Lehrstellenmangel:

Zahlen,Fakten,Hintergründe

Schön,Bernhard;Laturner, Sybille: Jugendarbeitslosigkeit rororo-1941,Reinbek 1975

Petzold,Hans-Joachim: Jugend ohne Berufsperspektive, Beltz-Verlag,Weinheim 1976

Harten,Christian;Flitner,Elisabeth: Arbeitslosigkeit rororo 731o,Reinbek 198o

Heinemann,Klaus: Arbeitslose Jugendliche, Luchterhand-Verlag,Darmstadt 1978

Braun,Frank; Weidacher,Alois: Materialien zur Arbeitslosigkeit und Berufsnot der Jugend, Verlag Deutsches Jugendinstitut,München 1976

Böseke,Harry;Spitzner,Albert(Hg): Jugend ohne Arbeit,
Lamuv-Verlag,Frankfurt 1983

Kapitel III:

Der Verdrängungswettbewerb: Wer auf der Strecke bleibt

Wacker,Ali: Arbeitslosigkeit - Soziale und psychische Folgen
EVA - Verlag,Frankfurt 1976

Adam,Clemens u.a.: Lebenssituation von Arbeiterjugendlichen
Diesterweg-Verlag,Frankfurt 1981

Rumpeltes,Christiane: Arbeitslos-Betroffene erzählen.
rororo-5o24,Reinbek 1982

von der Haar,Heinrich; Elke Stark - von der Haar:
Jugendarbeitslosigkeit und soziale Sicherung
Verlag Die Arbeitswelt,Berlin 1982

Ausländische Jugendliche

Vink,Jan(Hg): Materialien zur Berufsvorbereitung und Berufsausbildung ausländischer Jugendlicher,Bonn 1981
(Bezug: Bundesverband der Arbeiterwohlfahrt, Ollenhauerstr.3,53oo Bonn 1)

IG Metall(Hg): Ausländische Jugendliche- Ihr Recht auf Bildung in der Schule und Beruf,Frankfurt 1983
(Bezug: IG Metall,Wilhelm-Leuschner-Str. 79, 6ooo Frankfurt 1)

Autorengruppe Ausländerforschung:
Zwischen Getto und Knast: Jugendliche Ausländer in der Bundesrepublik
rororo - aktuell - Nr. 4737, Reinbek 1981

Braun,Frank;Gravalas,Brigitte: Die Benachteiligung junger Frauen in Ausbildung und Erwerbstätigkeit
Juventa-Verlag , München 198o

Kapitel IV:

Wie der Staat die Krise managt:

Wegweiser durch das Maßnahmechaos

Hanesch,Walter;Single,Uli: Weg von der Straße für ein Jahr
Focus-Verlag ,Gießen 1977

Lenhardt,Gero(Hg): Der hilflose Sozialstaat,
suhrkamp-Verlag,Frankfurt 1979

Offe,Claus(Hg): Opfer des Arbeitsmarkts,
Luchterhand- Verlag,Darmstadt 1977

päd.extra- Themenheft:Schüler auf der Wartebank,
Bensheim 1o/1977

Balon,Karl-Heinz u.a.: Arbeitslose: Abgeschoben,diffamiert, verwaltet
Fischer-Taschenbuch,Frankfurt 1978

Petzold,Hans-Joachim: Schulzeitverlängerung:
Parkplatz oder Bildungschance?
päd.extra-Buchverlag,Bensheim 1981

Stratmann,Karl(Hg): Das Berufsvorbereitungsjahr - Anspruch und Realität
Schroedel-Verlag,Hannover 1981

Kloas,Werner: Berufsstartprobleme und Maßnahmen zur Berufsvorbereitung und - ausbildung von Sonder- und Hauptschulabgängern
Bundesinstitut für Berufsbildung,
Berichte zur beruflichen Bildung Heft 17
Berlin 1979

Homann,Ulf: Die Diskussion der Schulpflichtverlängerung in der BRD 1949-1979 - eine annotierte Bibliographie

Max-Planck-Institut für Bildungsforschung, Berlin 1981

Bundesministerium für Bildung und Wissenschaft (Hg):

Gutachten zum lo. Bildungsjahr

Werkstattbericht Nr. 17,Bonn 1979

Auszug aus:

Ingrid Drexel

Problemgruppen des Ausbildungsstellenmarkts, unterwertige Wege ins Erwerbsleben und einige gesellschaftliche Konsequenzen[1])

in: IG Metall (Hg), Finanzierung der beruflichen Bildung, Schriftenreihe der IG Metall, Heft 98, S. 86 ff, Frankfurt 1983

1. Die Konzentration des Ausbildungsplatzmangels auf sogenannte „Problemgruppen"

Wenngleich von der Verschärfung der Marktbedingungen tendenziell alle Jugendlichen betroffen sind, sind doch bestimmte Gruppen in ihrem Interesse an Ausbildung und gutem Berufsstart besonders stark verletzt: die sogenannten Problemgruppen[2]), also insbesondere junge Mädchen, Jugendliche mit unterdurchschnittlichen qualifikatorischen Voraussetzungen (Hauptschüler ohne Abschluß, Sonderschüler, sogenannte Lernbehinderte), sowie jugendliche Ausländer. Die Problematik dieser Gruppen wird durch die veränderte Ausbildungsmarktsituation verstärkt, die Zugehörigkeit zu einer dieser Gruppen hat nun wesentlich verhängnisvollere Konsequenzen für den Berufsstart als in „Schönwetterperioden".

1) Ich möchte mich an dieser Stelle herzlich bedanken bei Frank Gerlach (SOFI), der den Abschnitt 2. (5) verfaßt hat, und insbesondere bei Frank Braun (DJI), der mich durch vielfältige Beratung wesentlich unterstützt hat. Die letztliche inhaltliche Verantwortung bleibt aber naturgemäß bei der Verfasserin.

2) Dieser Begriff der „Problemgruppen" ist selbst höchst problematisch, da die genannten Gruppen ja weit über 50 Prozent aller Jugendlichen umfassen. Es sind also keineswegs nur kleine Randgruppen von Jugendlichen von besonderen Risiken bedroht, wie dieser Begriff nahezulegen scheint. Dies muß im folgenden mitbedacht werden, wenn trotzdem die ungleiche Risikoverteilung aufgezeigt wird.

Daß bestimmte Teilgruppen des Arbeitskräftenachwuchses zu Problemgruppen werden, ist Folge der Tatsache, daß sich der Ausbildungsplatz- und dahinter der Arbeitsplatzmangel generell nicht gleichmäßig verteilt, sondern auf diese Gruppen konzentriert. Die immer vielfältigeren und umfangreicheren Hilfsprogramme des Staates für diese Gruppen (berufsvorbereitende Maßnahmen der Bundesanstalt für Arbeit; Förderung von Betrieben, die zusätzliche Ausbildungsplätze für junge Frauen, Hauptschüler ohne Abschluß und Sonderschüler zur Verfügung stellen; Modellprogramme des Bundes für die Ausbildung von jungen Frauen, jungen Ausländern und besonders benachteiligten Jugendlichen usw.) können daran, wie die Zahlen belegen, offensichtlich wenig ändern; ja, zum Teil werden sie durch die Marktkräfte sogar gegen ihre Intention verkehrt.

Diese Strukturalisierung von Arbeitsmarktproblemen erfolgt nicht zufällig, sondern aufgrund von – teils unterschiedlichen, teils identischen – Bedingungen, die diese Jugendlichen für betriebliche Nachfrager nach Auszubildenden und zukünftigen Fachkräften im Verhältnis zu den in wachsenden Quanten verfügbaren männlichen deutschen Bewerbern mit guten Schulabschlüssen relativ weniger attraktiv machen.

(1) Junge Frauen

Probleme der Versorgung junger Frauen mit Ausbildungsplätzen sind nicht neu, treten aber jetzt verschärft auf: Junge Frauen haben schon immer stark eingeschränkte Ausbildungschancen wie auch Chancen der Berufswahl gehabt; beschränkt auf einige wenige sogenannte typische Frauenberufe (Friseuse, Arzthelferin, Verkäuferin im Nahrungsmittelhandwerk, Zahnarzthelferin, Apothekenhelferin, Bürogehilfin, Hauswirtschafterin im Städtischen Bereich usw.) und – demgegenüber noch einmal deutlich reduziert – auf einige Berufe, in denen sowohl Knaben wie auch Mädchen ausgebildet werden (Verkäufer, Industriekaufmann, Kaufmann im Groß- und Außenhandel, Bürokaufmann, Bankkaufmann, Einzelhandelskaufmann, Chemielaborant, Technischer Zeichner, Sozialversicherungsfachangestellter usw.). Die überwiegende Zahl der technisch-gewerblichen Arbeiterberufe aber ist ihnen verschlossen. Dies ist nur zu einem Teil bedingt durch die höheren Anforderungen an Körperkraft, zu einem guten Teil aber auch nicht, wie die hohen Anteile an weiblichen Un- und Angelernten in Bereichen belegen, die kaum Frauen, wohl aber Männer ausbilden.[1])

Ein Vergleich der drei Gruppen von Ausbildungsberufen, die für Mädchen in so deutlich unterschiedlicher Weise zugänglich sind, läßt die Ursachen der quantitativen Begrenzung betrieblicher Interessen an Ausbildung und Einsatz von Frauen deutlich erkennen, und damit auch die Ursache für die derzeitige besondere Betroffenheit weiblicher Jugendlicher von Ausbildungsplatzproblemen:[2])

Berufe, in denen sowohl Jungen wie Mädchen ausgebildet werden, sind sehr häufig durch geschlechtsspezifisch unterschiedliche Einstiege und „Karriere"-Verläufe charakterisiert, zum Teil auch durch ein Nebeneinander von zwei unterschiedlichen Ausbildungsberufen, eines höherwertigen (oft dreijährigen) für Jungen und eines

1) Vergleiche Bednarz, Maßnahmen zur Verbesserung der Ausbildungs- und Beschäftigungschancen von jungen Frauen. In: DJI (Hg.) Arbeit und Lernen im Lebenszyklus. München 1980, Seite 126 bis 192.

2) Vergleiche Braun/Gravalas, Die Benachteiligung junger Frauen in Ausbildung und Erwerbstätigkeit, Seite 14, 41, 23.

niedrigerwertigen (oft zweijährigen) für Mädchen; Beispiele sind etwa das Nebeneinander von Einzelhandelskaufmann und Verkäuferin, von Bürokaufmann und Bürogehilfin usw. Außerdem – und zu dieser generellen Tendenz „eigentlich" im Widerspruch stehend – werden für dieselben Berufe weibliche Auszubildende mit einem im Durchschnitt höheren schulischen Vorqualifikationsniveau rekrutiert als männliche Auszubildende.[1])

Während diese Bereiche für Mädchen zumindest bestimmte, wenn auch gegenüber der Situation männlicher Jugendlicher oft eingeschränkte Chancen bieten, sind die typischen Frauen-Ausbildungsberufe durchwegs durch eine Kombination von Benachteiligungen charakterisiert: Entweder sie bereiten für Berufstätigkeiten vor, in denen im Verhältnis zum Ausbildungsaufkommen wesentlich niedrigere Nachfrage nach erwachsenen Fachkräften besteht (Überausbildung), bringen den jungen Mädchen also das hohe Risiko eines späteren erzwungenen Berufswechsels und einer Einmündung in Un- und Angelerntentätigkeiten. Oder sie bereiten auf relativ niedrig entlohnte und häufig sehr belastende Tätigkeiten vor. Es ist festgestellt worden, daß Betriebe für diese Tätigkeiten gerade deshalb junge Frauen rekrutieren, weil diese ja mit relativ hoher Wahrscheinlichkeit einige Jahre nach Ausbildungsabschluß in die Hausfrauen- und Mutterrolle überwechseln; die Betriebe können damit immer wieder neue junge Arbeitskräfte rekrutieren und müssen eventuelle Folgeprobleme übermäßiger Belastungen weder im Nachhinein kompensieren noch von vornherein – durch Belastungsabbau – vermeiden.[2])

Die beiden genannten Typen von für Frauen offenstehenden Ausbildungsberufen sind jedoch zahlenmäßig beschränkt. Für alle übrigen Bereiche, in denen qualifizierte Fachkräfte eingesetzt werden, ist eine durchschnittlich längere Amortisationszeit der Ausbildungs- (und der anschließenden Einarbeitungs-)aufwände Grundlage betrieblicher Rentabilitätskalküle, die nicht ohne Not aufgegeben werden.

Die Ausbildungschancen von Mädchen sind damit quantitativ und qualitativ begrenzt durch:

- zum Teil die betriebliche Erwartung geringerer körperlicher Leistungsfähigkeit und Einsetzbarkeit von Frauen in bestimmten Bereichen,
- zum Teil die höhere Wahrscheinlichkeit einer Unterbrechung der Erwerbstätigkeit, die Ausbildung und Einsatz von Frauen überall dort weniger rentabel macht, wo langjährige Amortisation von Ausbildungsqualifikationen und Akkumulation von Erfahrungsqualifikationen gewünscht sind und wo die Arbeitsbedingungen und ihre Folgen für die Leistungsfähigkeit nicht sowieso ihrerseits ein Ausscheiden der Arbeitskräfte in jungen Jahren erzwingen; sowie
- die Knappheit an höherwertigen und höher entlohnten Arbeitsplätzen beziehungsweise Aufstiegspositionen in den meisten Bereichen, eine Knappheit, die die Betriebe veranlaßt, diese Positionen für männliche Arbeitskräfte zu reservieren, um sie für besondere Leistungsverausgabung („Bewährung") und langfristigen Verbleib im Betrieb („Bindung") zu motivieren.

---

1) Braun/Gravalas, a. a. O.

2) Braun/Gravalas, a. a. O., Seite 65, Bednarz, Frauen angelernt statt ausgebildet – Zum betrieblichen Interesse an Frauen für anspruchsvolle gewerblich-technische Tätigkeiten am Beispiel der Elektroindustrie. In: Weg/Jurinek – Stinner (Hg.) Frauenemanzipation und berufliche Bildung. Programme, Bildungskonzepte, Erfahrungsberichte.

Die Folgen dieser, unter marktwirtschaftlichen Bedingungen durchaus rationalen betrieblichen Aufwands- und Ertragskalküle sind für eine Vielzahl junger Mädchen außerordentlich schwerwiegend: Zu einem guten Teil erhalten sie minderwertige Ausbildungen, bedingt durch die Verbindung von Ausbildung mit produktivem Einsatz und durch die geringe Neigung von Betrieben, in Qualifikationen zu investieren, die sich schnell amortisieren und/oder nicht lang genutzt werden müssen. Viele junge Mädchen erhalten Ausbildungen in Berufen, die sie später nicht mehr ausüben können, landen also früher oder später in Un- und Angelerntentätigkeiten, – nach einem Umweg, der für sie den Verlust ihrer Ausbildungsinvestition (des entgangenen Lohns) darstellt. Dieses Schicksal droht mit hoher Wahrscheinlichkeit sehr vielen jungen Mädchen, die in Berufen ausgebildet werden, welche immer schon stark überbesetzt waren und jetzt nocheinmal weit überproportional expandiert sind; insbesondere Ausbildung zur Friseuse (Zunahme von 1971 bis 1981 von 43866 auf 62041, das heißt um 41 Prozent), zur Zahnarzthelferin (Zunahme von 14171 auf 27092, das heißt um 91 Prozent) und zur Verkäuferin im Lebensmittelhandwerk (Zunahme von 12602 auf 41389, das heißt 228 Prozent). Sehr viele junge Mädchen jedoch finden überhaupt keinen Ausbildungsplatz und werden kurz oder lang nach Abschluß der allgemeinbildenden Schule Jungarbeiter/Jungangestellte oder aber Arbeitslose.

(2) Jugendliche mit schlechten oder fehlenden Schulabschlüssen (insbesondere Sonderschüler und Hauptschüler ohne Abschluß)

Im Zusammenhang mit der Verknappung der Ausbildungsplätze steigen die betrieblichen Anforderungen an die schulische Vorbildung ihrer Auszubildenden ganz erheblich, im Durchschnitt verschiebt sich die Zugangsvoraussetzung um ein ganzes Niveau (also vom Hauptschulabgang ohne Abschluß zum Hauptschulabgang mit Abschluß, vom Hauptschulabschluß zum Realschulabschluß usw.). Damit wird die unterste Gruppe der Absolventen des allgemeinbildenden Schulwesens – Sonderschüler und Hauptschüler ohne Abschluß – zunehmend zur Problemgruppe, der eine Einmündung in Ausbildung nicht mehr gelingt. Das SOFI spricht nach einer Auswertung der Statistiken (mit Ratsuchenden besetzte Ausbildungsstellen nach ihrer Vorbildung) von „sukzessivem Herausdrängen der Hauptschüler ohne Abschluß (einschließlich der Mehrheit der Sonderschüler) aus der Berufsbildung ... Innerhalb des halben Jahrzehnts zwischen 1972 bis 1977 verschlechtert sich die ohnehin schon zum Ausgangszeitpunkt erheblich unterprivilegierte Situation der Hauptschüler ohne Abschluß gegenüber Haupt- und Realschulabsolventen weiter. Ihre Quote (bezogen auf den jeweiligen Schulabgängerjahrgang) fällt um gut 20 Punkte oder um 55 Prozent vom Ausgangsniveau auf 14 Prozent von 100 des Schulentlassungsjahrgangs 1977.[1])

Das von Baethge und anderen errechnete Ergebnis ihrer Auswertungen beleuchtet schlaglichtartig, daß die problematische Situation von Hauptschülern ohne Abschluß nicht vorrangig durch eine Ausbildungsunfähigkeit infolge Fehlens allge-

---

1) Baethge, Brumlop, Faulstich-Wieland, Gerlach, Müller, Ausbildungs- und Berufsstartprobleme von Jugendlichen unter den Bedingungen verschärfter Situationen auf dem Arbeits- und Ausbildungsstellenmarkt, Göttingen 1980, Seite 90. Die Autoren merken an: „Unter der Rubrik Hauptschüler ohne Abschluß faßt die Bundesanstalt für Arbeit auch die überwiegende Mehrheit der Sonderschüler sowie die aus Realschulen und Gymnasien aus Klassen unterhalb der 9. ohne Abschluß abgehenden Schüler. Wieweit gerade durch die Einbeziehung der Sonderschüler in die Gruppe der Hauptschüler ohne Abschluß unterschiedliche soziale Herkunfts- und Problemlagen vermengt werden, ist schwer abschätzbar".

meinbildender Vorkenntnisse bedingt ist – sonst hätte der Übergang in Ausbildung Anfang der 70er Jahre im Durchschnitt auch nicht öfter gelingen können als heute; sondern durch den Ausbildungsplatzmangel und die daraus resultierenden Verschiebungen. Dabei sind Mädchen noch einmal stärker betroffen als Jungen: Die Quote der Hauptschüler ohne Abschluß (inklusive Sonderschüler), die eine Ausbildungsstelle erhalten, sinkt zwischen 1972 und 1975 bei den männlichen Schulabgängern von 40,8 auf 18,4 Prozent, bei den weiblichen dagegen von 25,8 auf 9,5 Prozent.[1])

Darüber hinaus sind auch diejenigen Sonderschüler und Hauptschüler ohne Abschluß, die einen Ausbildungsplatz finden, in ihren beruflichen Entwicklungsmöglichkeiten stark beeinträchtigt: Ihnen stehen nur sehr wenige Ausbildungsberufe zur Verfügung. Nach einer vom IAB durchgeführten Längsschnittuntersuchung[2]) ist die Konzentration auf einzelne Ausbildungsberufe um so höher, je niedriger der allgemeinbildende Schulabschluß ist. Da auch Frauen im Durchschnitt wesentlich geringere Auswahlmöglichkeiten haben, besteht die höchste Konzentration bei weiblichen Hauptschülern ohne Abschluß (im weiten Sinn, also inklusive der meisten Sonderschüler): 71 Prozent der weiblichen Jugendlichen dieses Vorbildungsniveaus, die eine betriebliche Ausbildung begonnen haben, konzentrieren sich auf die drei Ausbildungsberufe Friseuse, Verkäuferin im Einzelhandel sowie Verkäuferin im Nahrungsmittelhandwerk (davon Friseuse allein 34 Prozent! [3]). Männliche Jugendliche dieses Vorbildungsniveaus werden, soweit sie Ausbildungsplätze erhalten, zu 15 Prozent Maler und Lackierer, zu weiteren 15 Prozent Maurer, zu 10 Prozent Kfz-Mechaniker, zu ebenfalls 10 Prozent Fleischer usw. Dieselbe Untersuchung ergibt auch, daß knapp drei Viertel der Ausbildungsverhältnisse von Sonderschülern und Hauptschülern ohne Abschluß mit Handwerksbetrieben abgeschlossen werden.

Diese Zahlen zeigen, daß sich die zunehmende Benachteiligung dieser Vorbildungsgruppe auch dann fortsetzt, wenn und soweit diese Jugendlichen einen Ausbildungsplatz gefunden und damit scheinbar ihre ursprüngliche Zugehörigkeit zu einer Problemgruppe überwunden haben: Eine Einmündung in einen dieser meist handwerklichen Ausbildungsberufe bedeutet eine überdurchschnittliche Wahrscheinlichkeit, nach der Ausbildung den Beruf aufgeben und in der Industrie oder im Dienstleistungssektor als Un- oder Angelernter arbeiten zu müssen; auf diese „Scheinlösung" von Ausbildungsplatzproblemen wird unter 2.(1) noch einmal zurückzukommen sein.

Wie erklären sich nun die Entwicklungen, die den Mangel an Ausbildungsplätzen auf diese Gruppen konzentrieren? Primär ist sicher die der Ausbildungsplatzknappheit entsprechende Verfügbarkeit von Jugendlichen mit im Durchschnitt besserem Vorqualifikationsniveau zu nennen; diese Angebotslage erlaubt den Betrieben, im Durchschnitt um ein Qualifikationsniveau „bessere" Jugendliche auszuwählen als früher. Dazu dürften allerdings, zumindest teilweise, noch zwei weitere Sachverhalte beitragen: Zum einen haben Großbetriebe, denen auch früher

---

1) a. a. O. Seite 94

2) Saterdag und Stegmann, Jugendliche beim Übergang vom Bildungs- in das Beschäftigungssystem, Bericht über die Ergebnisse der Basiserhebungen einer Längsschnittuntersuchung. In: Beiträge zur Arbeitsmarkt- und Berufsforschung, Band 41.

3) Materialien aus der Arbeitsmarkt- und Berufsforschung 9/1979.

schon ein Bewerberangebot mit im Durchschnitt relativ hohem Vorqualifikationsniveau zur Verfügung stand, damals sehr häufig ganz bewußt nicht nur „Bestauslese" betrieben, da Jugendliche insbesondere mit Mittlerer Reife damals in sehr hohen Prozentsätzen (in Einzelfällen bis zu 100 Prozent) nach der Ausbildung in weiterführende Schulen abwanderten. Damals mußten Betriebe also, um ihren Nachwuchsbedarf zu decken, weniger weiterbildungsorientierte bzw. -berechtigte Jugendliche ausbilden. Dieser Zwang hat sich stark reduziert, da sich unter dem Eindruck der veränderten Arbeitsmarktlage auch das (Weiter-)Bildungsverhalten der Jugendlichen stark verändert hat: sie bevorzugen sichere Weiterbeschäftigung im Ausbildungsbetrieb gegenüber unsicheren Aufstiegszielen, die nur durch Besuch weiterführender Schulen beziehungsweise der Universität zu realisieren sind. Auch Jugendliche mit hohem Vorqualifikationsniveau „bleiben" heute. Dazu dürfte in vielen Fällen ein Interesse der Betriebe kommen, in diesen Jahren einen Vorrat an formal höher qualifizierten Jugendlichen, das heißt zukünftigen Arbeitskräften mit Weiterqualifizierungs- und Führungs-Potentialen zu gewinnen, um für die erwarteten weitreichenden technologischen und arbeitsorganisatorischen Umstrukturierungen gerüstet zu sein. Hinter all diesen betrieblichen Interessen, die durchgängig zu einer zunehmenden Abdrängung von Jugendlichen mit schlechten schulischen Vorqualifikationen hin tendieren, stehen harte objektive Bedingungen; eine (Selbst-)Korrektur des betrieblichen Selektionsverhaltens – hervorgerufen durch politische Appelle an die gesellschaftspolitische Verantwortung der Betriebe für die Ausbildung aller Jugendlichen – ist deshalb nicht oder nur in geringem Umfang zu erwarten.

(3) Jugendliche Ausländer

In den letzten Jahren wurde die große Bedeutung einer vollwertigen beruflichen Bildung für die jugendlichen Ausländer von allen gesellschaftlichen Gruppen zunehmend betont.

Diesen vielfach betonten Absichten zum Trotz hat sich die Situation beruflicher Bildung jugendlicher Ausländer in den vergangenen Jahren eher verschlechtert. Dies sei im folgenden anhand einiger Zahlen belegt; es ist dabei darauf hinzuweisen, daß diese Zahlen wegen der hier besonders hohen Dunkelziffern die wirkliche Situation sehr wahrscheinlich wesentlich „schönen", da die (vielen) gravierendsten Fälle meist bei den deutschen Institutionen und damit auch in deren Statistiken überhaupt nicht auftauchen.

Nach einer repräsentativen Untersuchung, die vom BIBB und vom CEDEFOP unter den in der BRD ansässigen Griechen, Italienern, Jugoslawen, Portugiesen, Spaniern und Türken im Alter von 15 bis 25 Jahren durchgeführt wurde, strebt nach Verlassen der allgemeinbildenden Schule über die Hälfte der Schüler eine Berufsausbildung an, über ein Viertel den Besuch weiterführender Schulen und lediglich 8 Prozent die sofortige Aufnahme eines Arbeitsverhältnisses auch ohne Berufsausbildung; demgegenüber haben lediglich 21 Prozent der Befragten eine Berufsausbildung begonnen, knapp ein Fünftel davon hat sie abgebrochen.[1]) Nach anderen Berechnungen, die das BIBB (auf der Basis von Zahlenangaben der Bundesanstalt

1) Hecker/Schmidt-Hackenberg, Bildungs- und Beschäftigungssituation ausländischer Jugendlicher in der Bundesrepublik Deutschland, Berlin 1980, Seite 3/4.

für Arbeit und des Sekretariats der KMK) durchgeführt hat, betrug 1980 der Anteil der ausländischen Jugendlichen in beruflicher Ausbildung an der Gesamtzahl der jungen Ausländer unter 20 Jahren 11,5 Prozent (1976: 13,8 Prozent). 20,3 Prozent befanden sich in einem Arbeitsverhältnis, 31,8 Prozent an beruflichen Schulen und die übrigen – mindestens[1]) 36,4 Prozent – „ohne Beschäftigung und Schule" (1976: 38,3 Prozent in einem Arbeitsverhältnis, 26,9 Prozent an beruflichen Schulen, mindestens 34,8 Prozent „ohne Beschäftigung und Schule").[2])

Andere Quellen gehen – insbesondere wegen des erwähnten Dunkelziffereffekts – von noch wesentlich niedrigeren Zahlen der Einmündung in Ausbildung aus.[3])

Die stark überproportionale Betroffenheit jugendlicher Ausländer von den Risiken des Ausbildungsmarktes reproduziert sich auch darin, daß die wenigen, die Ausbildungsplätze bekommen, zu einem überproportional hohen Prozentsatz in weniger aussichtsreichen Berufen ausgebildet werden. So zeigt sich bei der erwähnten, vom BIBB und vom CEDEFOP durchgeführten Befragung, daß von den ausländischen Jugendlichen, die einen Ausbildungsplatz gefunden hatten, 16 Prozent Friseure wurden (gegenüber 4,5 Prozent der entsprechenden deutschen Jugendlichen), 9 Prozent Maler/Lackierer/Chemiewerker (3 Prozent); demgegenüber mündeten von den ausländischen Auszubildenden nur 8 Prozent in Kaufmanns- und Dienstleistungsberufe ein (gegenüber 32 Prozent der deutschen Auszubildenden).[4])

Diese und andere ähnliche Zahlen bilden deutlich die besonders schlechten Chancen ausländischer Jugendlicher generell ab. Noch bedrückender sieht die Situation aus, wenn man die Zahlen nicht auf ausländische Jugendliche insgesamt bezieht, sondern berücksichtigt, daß sich die Probleme des Ausbildungsmarktes in noch einmal verschärfter Weise auf zwei Teilgruppen konzentrieren: auf die sogenannten Zusteiger und Späteinsteiger, das heißt Jugendliche, die erst während beziehungsweise nach der allgemeinen Schulpflicht in die BRD gekommen sind, deshalb eine deutsche Schule nur kurz oder gar nicht besucht haben und über keinen Hauptschulabschluß verfügen; und auf Jugendliche aus Nicht-EG-Staaten, das heißt solche, die rechtlich in bezug auf Aufenthalts- und Arbeitserlaubnis schlechter gestellt sind als Jugendliche aus den („alten") EG-Ländern.

Die unterproportionale Einmündung jugendlicher Ausländer in Berufsausbildung erklärt sich nicht aus deren Desinteresse an Ausbildung, wie oft behauptet wird[5]); und wohl auch nicht aus einer generellen ideologischen Ausländerfeindlichkeit der

---

1) Da bei den Größen für „Beschäftigte" einerseits und „Jugendliche an beruflichen Schulen" andererseits Doppelzählungen enthalten sind (Auszubildende), muß diese „Restgröße" tatsächlich eher höher angesetzt werden; dies gilt, obwohl die – unbekannte, aber auf etwa 2 bis 4 Prozent geschätzte – Zahl der jugendlichen Ausländer in allgemeinbildenden Schulen abzuziehen ist.

2) Schmidt-Hackenberg: Bilanz der beruflichen Integration der ausländischen Jugendlichen in der BRD Ende 1980. In: Berufsbildung in Wissenschaft und Praxis 1/82, Seite 15 bis 19.

3) Vergleiche dazu bei Gravalas/Braun: Die beruflichen und sozialen Chancen von ausländischen Jugendlichen. Integration oder Segregation, München 1982, Seite 118/119.

4) Hecker/Schmidt-Hackenberg, a. a. O., Seite 5.

5) Vergleiche dagegen zum Beispiel Mehrländer (Die Einflußfaktoren des Bildungsverhaltens ausländischer Jugendlicher. In: Berufsbildung in Wissenschaft und Praxis 1/80, Seite 2), die zeigt, daß von den von ihr befragten ausländischen Jugendlichen ohne Ausbildungsvertrag 70 Prozent eine Ausbildung machen wollten; sowie Hecker/Schmidt-Hackenberg, die einen „erstaunlich hohen Erwartungshorizont der jungen Ausländer" und eine besonders hohe Bildungsbereitschaft konstatiert haben, a. a. O., Seite 3.

Arbeitgeber, soweit erkennbar.[1]) Die zentralen Ursachen sind vielmehr die folgenden:

Es bestehen, speziell bei den sogeannten Zusteigern und Späteinsteigern, sprachliche und zum Teil auch fachliche Defizite. Dafür wird oft das Fehlen eines Hauptschulabschlusses als der wichtigste Indikator genannt, jedoch haben auch ausländische Jugendliche mit Hauptschulabschluß unterdurchschnittliche Ausbildungschancen.

Nach den Materialien aus der Arbeitsmarkt- udn Berufsforschung 7/1980 haben ca. 40 Prozent der ausländischen Jugendlichen (mindestens) Hauptschulabschluß. „Aber auch sie müssen bei ihren beruflichen Ausbildungswünschen häufig Abstriche machen: 70 Prozent der ausländischen Schüler aus neunten Klassen hätten 1977 gern eine betriebliche Berufsausbildung begonnen. Einen entsprechenden Ausbildungsplatz erhielten nur 36 Prozent" (gegenüber 51 Prozent der deutschen Jugendlichen mit gleicher Vorbildung).

Sprachliche und fachliche Defizite könnten nur mit Hilfe von zusätzlichem – und das heißt überdurchschnittlichem – Ausbildungsaufwand beseitig werden; dazu aber sind die Betriebe offenbar meist nicht bereit. Selbst in den in die erwähnte Infratest-Untersuchung einbezogenen 21 Betrieben, die Ausländer ausbilden, sind nur solche Jugendliche eingestellt worden, die dieselben qualifikatorischen Eingangsvoraussetzungen hatten wie entsprechende deutsche Bewerber, und es gab weder zusätzliche Sprachkurse noch besonders auf Ausländer zugeschnittene Ausbildungspläne.

Aus sprachlichen und eventuell fachlichen Defiziten resultiert die überdurchschnittliche Gefahr eines Scheiterns der Ausbildung (insbesondere in der Berufsschule) und damit das Risiko einer Fehlinvestition des Betriebs in Qualifizierungsprozesse.

Dies wird noch verstärkt durch die Unsicherheit in bezug auf den „Ertrag" der Ausbildungsinvestition – das heißt in bezug auf die anschließende Beschäftigungs- und Nutzungsdauer der ausländischen Fachkräfte im Betrieb –, bedingt durch deren mögliche baldige Rückwanderung ins Heimatland, sei es infolge privater Rückkehrmotive, sei es (bei Jugendlichen aus Nicht-EG-Ländern) infolge der unsicheren und häufig geänderten ausländerrechtlichen Situation.

Damit läßt sich das Desinteresse der Betriebe an Ausbildung von jungen Ausländern letztlich auf ähnliche Ursachen zurückführen, wie sie auch die besonders schlechten Ausbildungschancen von Jugendlichen ohne Hauptschul-Abschluß und zum Teil jungen Mädchen bestimmen:

- die Notwendigkeit eines überdurchschnittlichen Ausbildungsaufwands (sei es finanziell, sei es konzeptionell oder sei es organisatorisch), um Prüfungserfolg sicher zu stellen;
- die aus der fehlenden Bereitschaft zu einem solchen überdurchschnittlichen Aufwand resultierende höhere Gefahr eines Scheiterns der Qualifizierung und damit einer Fehlinvestition;

---

1) Hecker, Fallstudien zur Praxis der betrieblichen Ausbildung ausländischer Jugendlicher (Bericht über eine im Auftrag des BIBB von Infratest Sozialforschung GmbH und Arbeitsgemeinschaft für angewandte Sozialforschung GmbH durchgeführte Untersuchung). In: Berufsbildung in Wissenschaft und Praxis 1/1980, Seite 11.

- Einschränkungen der späteren vollwertigen Einsetzbarkeit;
- Einschränkungen der Beschäftigungssicherheit beziehungsweise -dauer und damit der späteren (durchschnittlichen) Nutzung der Qualifikation durch den ausbildenden Betrieb.

Die Durchsetzung von betrieblichen Rentabilitätsprinzipien bei der beruflichen Erstausbildung junger Ausländer aber hat gravierende Konsequenzen für die betroffenen Jugendlichen und zumindest indirekt auch für politische und gesellschaftliche Strukturen. Dies um so mehr, als das Problem quantitativ zumindest bis 1991 noch erheblich ansteigen wird: „Mindestens 80000 ausländische Jugendliche pro Jahr werden Ende dieses Jahrzehnts aus den allgemeinbildenden Schulen in der BRD entlassen und auf den Arbeitsmarkt drängen – die Mehrzahl von ihnen nur unzureichend für eine berufliche Ausbildung qualifiziert. Jährlich reisen etwa 75000 Ausländer zwischen 15 und 20 Jahren neu in die BRD ein. Mehr als die Hälfte von ihnen kommt aus der Türkei und verfügt über keinerlei oder nur minimale Kenntnisse der deutschen Sprache und Kultur. Dieser enorme Zustrom stellt eine gesellschafts-, bildungs- und arbeitsmarktpolitische Herausforderung ersten Ranges dar".[1])

1) Materialien aus der Arbeitsmarkt- und Berufsforschung 8/1980.

zu Kapitel IV:

Wie der Staat die Krise managt: Wegweiser durch das Maßnahmechaos

Regelung der Berufsschulpflicht in den einzelnen Bundesländern

- Baden-Württemberg

  In den "Regelungen zur Dauer und Erfüllung der Berufsschulpflicht" vom 4.12.1981 heißt es unter II.5.:
  "Schüler, die mindestens ein Jahr am Unterricht einer beruflichen Vollzeitschule teilgenommen oder die Grundstufe der Berufsschule in der Form des Vollzeitunterrichts besucht haben, sind von der Berufsschulpflicht befreit......"

  Im Klartext heißt das: Wer nach einem BVJ oder BGJ keinen Ausbildungsplatz findet, muß nicht mehr zur Berufsschule, steht also dem Arbeitsmarkt als Hilfsarbeiter uneingeschränkt zur Verfügung.

- Bayern

  Das "Schulpflichtgesetz" in der Neufassung vom 3.9.82 besagt in Abschnitt II, Art. 14(2):
  "Die Berufsschulpflicht endet ferner, wenn die Schulaufsichtsbehörde feststellt, daß die bisherige Ausbildung des Berufsschulpflichtigen einen weiteren Besuch der Berufsschule entbehrlich macht. Diese Feststellung ist insbesondere zu treffen, wenn der Berufsschulpflichtige freiwillig eine besondere Form des Berufsgrundschuljahres für Jungarbeiter (Zug J) regelmäßig und mit Erfolg besucht hat......"

  Im Klartext: Wenn ein Arbeitgeber einen Jugendlichen nur unter der Bedingung als Hilfsarbeiter einstellen will, daß er nicht mehr der Berufsschulpflicht unterliegt, stellt die Schulaufsichtsbehörde fest, daß für den Betreffenden ein weiterer Berufsschulbesuch entbehrlich ist.

- Rheinland-Pfalz

  Im "Landesgesetz über die Schulen in Rheinland-Pfalz" vom 6.11.1974 steht in § 48(2), 3:
  "Vom Besuch einer Schule ist ferner befreit, wer...

das Berufsgrundschuljahr oder das 10. Schuljahr einer Hauptschule, einer Realschule oder eines Gymnasiums erfolgreich abgeschlossen hat, sofern kein Berufsausbildungsverhältnis begründet wird."
Mit Berufsgrundschuljahr ist hier das BGJ und damit automatisch auch das BVJ als Sonderform des BGJ gemeint.
Weiter heißt es in § 48(2), 4:
"Vom Besuch einer Schule ist ferner befreit, wer... nach Feststellung der Schulbehörde anderweitig hinreichend ausgebildet ist."

- Saarland
  Im saarländischen Schulpflichtgesetz steht:
  "4. Die Pflicht zum Besuch der Berufsschule entfällt:
  ...e) für Jugendliche, die das an einer öffentlichen Berufsschule oder einer staatlich anerkannten Ersatzschule eingerichtete Berufsgrundbildungsjahr bzw. dessen besondere Einrichtung Berufsvorbereitungsjahr... regelmäßig besucht haben und nicht in ein Ausbildungsverhältnis eintreten..."

- Schleswig-Holstein
  Das "Schleswig-Holsteinische Schulgesetz" vom 2.8.1978 besagt in § 41 3. bzw. 4.:
  "Die Berufsschulpflicht endet vor dem in § 40 genannten Zeitpunkt (Volljährigkeit, Anm. d. Verf.), wenn der Berufsschulpflichtige...
  3. ein Berufsgrundbildungsjahr, ein anderes Schuljahr mit Vollzeitunterricht an einer Berufsschule oder eine vom Kultusminister insoweit als gleichwertig anerkannte Ausbildung erfolgreich abgeschlossen hat, sofern kein Ausbildungsverhältnis begründet wird.
  4. nach Feststellung der Schulaufsichtsbehörde anderweitig hinreichend ausgebildet ist."

- Berlin
  In Berlin gibt es eine zehnjährige allgemeine Schulpflicht. Wer danach noch berufsschulpflichtig ist, er-

gibt sich aus der "Neufassung des Schulgesetzes für Berlin" vom 20.8.1980. Dort heißt es in § 14(2): "Wer die allgemeine Schulpflicht erfüllt hat und im Anschluß daran weder in eine Berufsausbildung im Sinne des Berufsbildungsgesetzes noch in ein Arbeitsverhältnis eintritt noch einen anderen Zweig der Oberschule besucht, ist verpflichtet, im elften Schuljahr an der Berufsschule ein schulisches Berufsgrundbildungsjahr zu besuchen..."
Das bedeutet: Wer keinen Ausbildungsplatz finden kann, wird entweder Hilfsarbeiter ohne jedes weitere Bildungsrecht, oder muß noch ein Jahr die Schulbank (im BGJ) drücken.

- Bremen

  Im "Bremischen Schulgesetz" vom 4.10.1982 ist die Berufsschulpflicht für Jugendliche ohne Ausbildungsplatz folgendermaßen geregelt (§ 35):
  " (4) Für Jugendliche, die einen Bildungsgang nach § 17 Abs. 5 (gemeint sind BGJ, BVJ bzw. berufsvorbereitende Maßnahmen der Bundesanstalt für Arbeit, Anm. d. Verf.) oder einen mindestens zweijährigen beruflichen Vollzeitbildungsgang besuchen, endet die Schulpflicht mit dem erfolgreichen Abschluß dieses Bildungsganges."

- Hamburg

  In § 27 des "Schulgesetzes der Freien und Hansestadt Hamburg vom 17.10.1977 heißt es lapidar:
  "(4) Die zuständige Behörde kann...

  3. Jugendliche ohne Ausbildungsvertrag
  4. Absolventen der Berufsfachschulen
  5. Ausländer und Staatenlose

  im Einzelfall auf Antrag von der Schulpflicht befreien."

- Hessen

  In der "Verordnung zur Berufsschulpflicht" vom 30.8.1978 steht unter § 2(2) bzw. (3):

"(2) Berufsschulpflichtige, die nicht in einem Ausbildungsverhältnis im Sinne des Berufsbildungsgesetzes stehen und ein Arbeitsverhältnis nachweisen, können auf Antrag von der Pflicht zum Besuch der Berufsschule befreit werden, wenn sie einen mindestens elfjährigen Schulbesuch nachweisen. Die Entscheidung über den Antrag trifft der Leiter der zuständigen Berufsschule.
(3) Sofern die Voraussetzungen des Abs. 2 (gemeint ist der elfjährige Schulbesuch, Anm. d. Verf.) nicht gegeben sind, entscheidet die zuständige Schulaufsichtsbehörde im Einzelfall unter Widerrufsvorbehalt darüber, ob die bisherige Ausbildung die vorzeitige Beendigung der Berufsschulpflicht rechtfertigt. Dabei sind das Alter und die sozialen Verhältnisse des Berufsschulpflichtigen zu berücksichtigen."
Das bedeutet: Auch in Hessen werden Jugendliche ohne Ausbildungsplatz, nachdem sie das 10. (Plicht-)Bildungsjahr besucht haben, von der Berufsschulpflicht befreit, wenn sie nur unter dieser Voraussetzung eine Stelle als Hilfsarbeiter erhalten können.

- Niedersachsen
  Laut Erlaß vom 27.2.1980 zur "Einführung einjähriger vollzeitschulischer Bildungsgänge für Jugendliche ohne Ausbildungsvertrag ab 1.8.1980" gilt folgende Regelung:
  "1. Alle Jugendlichen, die vom Schuljahresende 1979/80 an
     - aus allgemeinbildenden Schulen entlassen werden und
     - ihre 12jährige Schulpflicht noch nicht erfüllt haben und
     - nicht unmittelbar in ein Berufsausbildungsverhältnis eintreten,

     haben einen weiteren Teil ihrer Schulpflicht durch den Besuch einer mindestens einjährigen berufsbildenden Schule mit Vollzeitunterricht zu erfüllen.
     Für Jugendliche, die mit Schuljahresende 1979/80 oder später aus einer allgemeinbildenden Schule ent-

lassen werden, ist daher die Aufnahme eines Arbeitsverhältnisses nur nach erfüllter Schulpflicht oder nach dem weiteren Besuch einer mindestens einjährigen beruflichen Vollzeitschule möglich."

Dies läßt sich so interpretieren, daß mit dem BGJ oder BVJ die Berufsschulpflicht abgegolten ist.

- Nordrhein-Westfalen

  In der "Neufassung des Schulpflichtgesetzes" vom 2.2. 1980 heißt es unter § 11:

  "(3) Die Berufsschulpflicht endet...

  b) nach insgesamt elf Schuljahren, wenn der Berufsschulpflichtige ein berufsbildendes Vollzeitschuljahr oder eine gleichwertige Berufsvorbereitung in einer außerschulischen Einrichtung besucht hat und ein Berufsausbildungsverhältnis nicht beginnt.

  (4) Die Berufsschulpflicht endet im übrigen vor den in Absatz 1 und 2 festgelegten Zeitpunkten (18. Lebensjahr bzw. Beendigung der Berufsausbildung, Anm. d. Verf.), wenn der Kultusminister oder die von ihm durch Rechtsverordnung zu bestimmende Schulaufsichtsbehörde feststellt, daß die bisherige schulische Ausbildung den weiteren Besuch der Berufsschule entbehrlich macht."

Subventionsprogramme in der beruflichen Bildung

Das Netz staatlicher Subventionsprogramme in der beruflichen Bildung ist den letzten Jahren immer engmaschiger geworden. Insbesondere die Bundesanstalt für Arbeit ist inzwischen bereit, "fast alles zu bezahlen , was nur im entferntesten nach Ausbildung oder Arbeit für Jugendliche aussieht." ("Lehre Versprechen", Frankfurter Rundschau, 21.4.83)
Dazu kommt eine breite Palette länderspezifischer Fördermaßnahmen.
Eine Darstellung der einzelnen Programme ginge weit über den Rahmen dieses Anhangs hinaus. In den jährlich erscheinenden Berufsbildungsberichten des BIBB bzw. des BMBW ist jeweils eine Übersicht der aktuellsten Länderregelungen enthalten.

Wir wollen hier nur einige Zahlen zum Umfang und zur Entwicklung der öffentlichen Förderung in der beruflichen Bildung zusammenstellen. Sie stammen aus:
Heinrich Mäding/Nikolaus Nimmerrichter,
Öffentliche Förderung der beruflichen Erstausbildung,in: IG Metall (Hg), Finanzierung der beruflichen Bildung, Schriftenreihe der IG Metall, Heft 98, S. 113 - 134, Frankfurt 1983

3.2. *Struktur, Schwerpunkte und Volumen der Fördermittel*

Zu Beginn der 70er Jahre waren die öffentlichen Finanzmittel im Berufsbildungsbereich nahezu ausschließlich auf das Berufsschulwesen ausgerichtet. 7 Millionen DM Fördermittel für die betriebliche und überbetriebliche Ausbildung standen 1970 Ausgaben in Höhe von rund 2 Milliarden DM für das Berufsschulwesen gegenüber (vgl. Tabelle 1). Mit der zunehmenden Knappheit von Ausbildungsplätzen seit Mitte der 70er Jahre läßt sich anhand der verausgabten Fördermittel auch eine rasch wachsende staatliche Aktivität im nichtschulischen Bereich der beruflichen Bildung feststellen: So versechsfachte sich der Betrag allein zwischen 1974 und 1978. Wesentlich langsamer wuchsen die Ausgaben für das berufliche Schulwesen und die Gesamtausgaben für Bildung und Wissenschaft. Schließlich läßt sich festhalten, daß sich dadurch die öffentlichen Ausgaben für das Berufsschulwesen und für die

Tabelle 1: Ausgaben der öffentlichen Haushalte für berufliche Bildung in den Jahren 1970 bis 1978 in Millionen DM

Jahr	Ausgaben für betriebliche und überbetriebliche Aus- und Fortbildung einschließlich Ausbilderförderung		Ausgaben für berufliches Schulwesen	Ausgaben für Bildung und Wissenschaft insgesamt
	absolut	1974 = 100		
1970	7	8,3	1 978	27 764
1971	14	16,7	2 381	35 077
1972	22	26,2	2 639	39 910
1973	53	63,1	3 106	45 274
1974	84	100,0	3 550	53 332
1975	142	169,0	3 801	60 052
1976	272	323,8	4 079	61 306
1977	352	419,1	4 348	64 667
1978	501	596,4	4 946	69 403

Quelle: Statistisches Bundesamt (Hrsg.):
Bildung im Zahlenspiegel, 1981, S.99

außerschulische Berufsbildung von einem Verhältnis von rund 300:1 (1970) über 10:1 (1978) auf heute etwa 3:1 entwickelt haben. Ein Überblick über die Ausgaben dieses Zeitraums läßt sich aus Tabelle 1 und 2 entnehmen.

Gegenüber den vorangegangenen Daten weisen die in Tabelle 2 dokumentierten Angaben durch die verschiedenen Quellen Unterschiede in Zusammensetzung und Berechnung auf; eine direkte Ergänzung von Tabelle 1 durch Tabelle 2 ist also nicht möglich. Deutlich wird jedoch die Strukturverschiebung in den Jahren 1979 bis 1981:

- der Anteil der ausgewiesenen BAföG-Ausgaben steigt von 10,6 Prozent auf 43,9 Prozent (allerdings wurde offenbar der durch die Statistik erfaßte Personenkreis erweitert, vergleiche Kap. 4.3.2.3.),
- die Nicht-BAföG-Ausgaben stagnieren beim Bund und wachsen bei den Ländern um 49,4 Prozent sowie bei der Bundesanstalt um 55,9 Prozent.

Tabelle 2: Fördermittel von Bund, Ländern und Bundesanstalt für Arbeit 1979 bis 1981 in Millionen DM

Jahr	Bund			Länder			BfA[2]	insgesamt
	insges.	Bafög-Anteil[1]	Sonstige	insges.	Bafög-Anteil	Sonstige		
1979	484,0	78,0	406,0	297,5	42,0	255,5	354,9	1 136,4
1980	626,7	230,1	396,6	492,3	123,9	368,4	488,9	1 607,9
1981	1 131,2	700,0	431,2	751,7	370,0	381,7	553,2	2 436,1

1) Vgl. Text
2) Nur Förderung nach §§ 40 und 50 AFG
Quelle: Zusammenstellung und eigene Berechnung nach Angaben der Berufsbildungsberichte 1980 bis 1982 sowie der amtlichen Nachrichten der BfA

Tabelle 3: Förderungsvolumen des Bundes während der Jahre 1979 bis 1981, in Millionen DM

Ressort	Förderungsart	1979	1980	1981
BMBW	Förderung überbetrieblicher Ausbildungsstätten	162,0	187,4	203,5
	Förderung zusätzlicher Ausbildungskapazitäten nach dem Programm für Zukunftsinvestitionen	180,0	70,0	10,0
	Individuelle Förderung nach BAföG	80,0	230,0	700,0
	Förderung von Versuchs- und Modelleinrichtungen	—	41,5	36,0
	Forschungsförderung zur beruflichen Bildung	—	—	6,8
	Förderprogramm Benachteiligte	—	—	29,0
	Finanzierung Bundesinstitut	—	—	29,3
	Austausch von Fachkräften, Auszubildenden und Fortbildungsteilnehmern mit dem Ausland	—	—	4,3
BML	Modellvorhaben in der Landwirtschaft	—	1,2	0,3
BMWi	Förderung von Ausbildungseinrichtungen nach Gemeinschaftsaufgabe „Verbesserung der regionalen Wirtschaftsstruktur"	17,0	17,0	8,3
	Zuschüsse nach dem Gewerbeförderungsprogramm	29,4	30,5	50,9
	Förderung zusätzlicher Ausbildungskapazitäten aus ERP-Mitteln	12,5	15,0	9,2
BMA	MBSE-Programm (zugunsten ausländischer Jugendlicher)	—	12,3	30,0
BMB	Errichtung/Ausstattung von überbetrieblichen Ausbildungsstätten	3,1	3,6	4,8
	Bau und Einrichtung von Berufsschulen	—	8,8	8,8
	Errichtung/Ausstattung überregionaler Einrichtungen für Behinderte	—	9,4	—
		484,0	626,7	1 131,2

Quelle: Berufsbildungsbericht 1980, S. 134; 1981, S. 142; 1982, S. 142

Innerhalb des Ausgabenspektrums der Bundesanstalt für Arbeit kommt der individuellen Förderung nach § 40 AFG und der Betreuung von Schwerbehinderten ein besonderer Stellenwert zu. Einen wesentlich geringeren Umfang hat die institutionelle Förderung der beruflichen Bildung nach § 50 aufzuweisen (vgl. Tabelle 6).

Tabelle 6: Fördermittel der Bundesanstalt für Arbeit in den Haushaltsjahren 1976 bis 1981, in Millionen DM

Haushaltsjahr	Berufliche Ausbildung	Institutionelle Förderung der beruflichen Bildung
1976	259,8	43,4
1977	303,3	31,0
1978	331,6	22,3
1979	326,2	28,7
1980	442,4	46,5
1981[1]	517,8	35,4

1) Berufsausbildungsbericht 1982, Seite 106

Quellen: BfA: Jahreszahlen 1979, Seite 283
Jahreszahlen 1980, Seite 275

Regelung des 10. Bildungsjahres in den einzelnen Bundesländern

Die Entwicklung des 10. Bildungsjahres erfolgte in den einzelnen Bundesländern recht unterschiedlich. Selbst die Kultusministerkonferenz ist derzeit nicht in der Lage, einen Überblick zu geben.
Eine erste Unterteilung läßt sich nach den Zielgruppen treffen, für die das 10. Bildungsjahr angeboten wird:
Es gibt

- Länder, in denen das 10. Bildungsjahr für alle Jugendlichen Pflicht ist;
- Länder, in denen das 10. Bildungsjahr für alle Jugendlichen ohne Ausbildungsplatz Pflicht ist;
- Länder, in denen das 10. Bildungsjahr ein freiwilliges Angebot darstellt.

Eine weitere Unterteilung ergibt sich durch die Form, in der das 10. Bildungsjahr angeboten wird:
Es kann

- berufsorientiert (BGJ oder BVJ)
- allgemeinbildend (10. Hauptschuljahr)
- berufsorientiert oder allgemeinbildend nach Wahl

angeboten werden.

Im folgenden ein kurzer Überblick zu denjenigen Ländern, die nach Angaben der Kultusministerkonferenz eindeutige Regelungen zum 10. Bildungsjahr eingeführt haben.

- Rheinland-Pfalz
  Hier existiert ein freiwilliges 10. Hauptschuljahr an der Hauptschule, in dem der qualifizierte Sekundarabschluß erworben werden kann. Die Aufnahme hängt vom Notenspiegel ab.
  BGJ und BVJ gibt es ebenfalls als freiwilliges Angebot.
  (Vgl.:"Landesordnung über die Schulordnung für die öffentlichen Hauptschulen, Realschulen, Gymnasien und Kollegs" vom 11.5.1978)

- Saarland
  Hier ist der Besuch eines 10. Bildungsjahres in berufsorientierender Form (BGJ oder BVJ) für alle Jugendlichen ohne Ausbildungsplatz nach Verlassen der allgemeinbildenden Schule Pflicht. (Vgl.: "Verordnung zur Einführung eines zehnten Pflichtschuljahres in der Form des schulischen Berufsgrundbildungsjahres für Jugendliche ohne Ausbildungsplatz" vom 18.5.1979, Amtsblatt S. 502)

- Berlin
  In Berlin gibt es mittlerweile eine zehnjährige Schulpflicht für alle, und zwar in allgemeinbildender Form. Wer im Anschluß daran weder einen Ausbildungsplatz erhält, noch in ein Arbeitsverhältnis eintritt, muß ein elftes Jahr in Form des schulischen Berufsgrundbildungsjahres besuchen. (Vgl.:"Neufassung des Schulgesetzes für Berlin" vom 20.8.1980, § 14)

- Hessen
  In Hessen wird die Vollzeitschulpflicht für diejenigen Schüler, die nach Verlassen der 9. Klasse weder eine weiterführende Schule besuchen, noch in Berufsausbildung eintreten, automatisch um ein Jahr verlängert. Dieses 10,Bildungsjahr kann wahlweise an der Hauptschule oder in BGJ bzw. BVJ abgeleistet werden. Allerdings sind die Plätze an der Hauptschule beschränkt. (Vgl.: "Hessisches Schulpflichtgesetz", § 4 bzw. § 5)

- Niedersachsen
  Auch hier ist das 10. Bildungsjahr Pflicht für alle Jugendlichen ohne Ausbildungsplatz. Es wird ausschließlich in berufsschulischer Form angeboten. (Vgl.: "Einführung einjähriger vollzeitschulischer Bildungsgänge für Jugendliche ohne Ausbildungsvertrag ab 1.8.1980", Erlaß vom 27.2.1980)

- Nordrhein-Westfalen
  Hier ist das 10. Bildungsjahr Pflicht für alle Jugendlichen. Es kann entweder allgemeinbildend oder berufsorientierend abgeleistet werden. (Vgl.:"Bekanntmachung der Neufassung des Schulpflichtgesetzes" vom 2.2.1980, § 5 bzw. § 6)

In allen anderen Bundesländern werden BGJ und BVJ - gelegentlich auch das 10. Hauptschuljahr - auf freiwilliger Basis angeboten. Für Jugendliche ohne Ausbildungsplatz stellen die verschiedenen Maßnahmen des 10. Bildungsjahres jedoch die einzige Alternative zur Arbeitslosigkeit dar.